JN015450

多様な
募集・採用・入社
手法に対応!

Q&Aとチェックリストで防ぐ
法的トラブル

社会保険労務士法人
トムズコンサルタント

小宮弘子・木村健太郎・中山祐介・米倉篤俊 著

第一法規

はじめに

　日本の総人口の減少および少子高齢化の進展に伴い、人材確保は経営課題といわれています。また、事業の DX 化等、事業変革のスピードが成否を分ける近年では、専門人材の獲得をはじめ採用業務の重要性が高まっています。

　以前は、多くの応募者を集め、その中から選考により採用者を決定するといった手法が一般的でしたが、今では会社が欲しい人材に能動的にアプローチする等、その採用手法も変わりつつあります。

　一方、会社が誰と労働契約を締結するのかについては、「採用の自由」が保障されているといわれていることもあり、労働法制の適用は、労働条件明示や労働時間等、採用した後に関係するものといったイメージがあるのではないでしょうか。実は、募集の段階から男女差別の禁止、年齢による募集制限の禁止、個人情報の収集、公正採用のためのガイドライン、採用活動における法規制等が複数あります。

　本書では、募集から採用後までのプロセスごとに、実務において遵守すべき事項や留意点、具体的な対応等について記載しています。また、項目ごとに実務対応のチェックリストを掲載しています。

　会社にとって重要性が増す「採用業務」において、初めて採用業務に従事される方、再確認されたい人事担当者の方の実務書としてお役に立つことができましたら幸甚に存じます。

　末筆ながら、本書の刊行にあたり、ご尽力くださいました第一法規株式会社のご担当者に、厚く御礼申し上げます。

2023年9月

社会保険労務士法人トムズコンサルタント

代表社員　小宮弘子

本書の使い方

1 基本の解説

　本書は基本の解説、Q&A、チェックリストにより構成されています。まず、基本の解説では採用業務のなかでの法的トラブルを防ぐために、業務担当者が知っておくべき根拠となる法令、これまでの裁判例や厚生労働省の指針などを示しながら、採用業務を初めて行う担当者も、基本解説を読むことで、どのような業務があるか把握しやすいように解説をしています。

2 Q&A

　実務で発生しやすい事例を用いた Q&A 形式で解説しています。採用担当者が判断に迷う部分を集めた Q&A のため、実務において類似した事例への対応が必要になった場合にも役立てられる内容となっています。

3 チェックリスト

対応チェックリスト

☑	チェック項目	参照頁
☐	募集要項や求人票の労働条件等の明示事項は漏れなく記載しているか	労働条件等の明示事項 P14〜
☐	求職者に対して原則書面（本人が希望した場合に限り電子メール等）で労働条件等を明示しているか	明示の方法 P17
☐	求職者と最初に接触する時点までに労働条件等を明示しているか	明示のタイミング P17〜

　チェックリストは実務対応をするうえで押さえておくべき重要なポイントを簡潔に一覧にしたものです。各項目に関するより詳細な解説については、チェックリスト中に記載されている参照頁から振り返ることができます。

チェックリストのみで個別事案全てに対応できるものではありませんので、必ず基本の解説をお読みいただきながら、それぞれの事案の特性に応じて対応していただけましたら幸いです。

4　凡例

裁判例

本書では裁判例を以下のように表記しています。

例）三菱樹脂事件（昭和48年12月 1 日最大判・労判189号16頁）

【判決の略称】

最大判　最高裁判所大法廷判決

最三小判　最高裁判所第三小法廷判決

高判　高等裁判所判決

地判　地方裁判所判決

【文献】

民集　最高裁判所民事判例集

集民　最高裁判所裁判集民事

判時　判例時報

判タ　判例タイムズ

労経速　労働経済判例速報

労判　労働判例

通達

判例では「通達は、原則として、法規の性質をもつものではなく、上級行政機関が関係下級行政機関および職員に対してその職務権限の行使を指揮し、職務に関して命令するために発するもの」と定義されています（法律解釈指定通達取消請求上告事件：最高三小判昭和43年12月24日・民集22巻13号3147頁）。

上記の通り、法的拘束力があるわけではないのですが、現実には、裁判の参考になったり、行政機関の判断基準となったりするものですから、全く無視できるものではありません。

　本書では、以下のように表記されています。

例）昭和47.9.18基発第602号

　基発　都道府県労働（基準）局長宛（厚生）労働省労働基準局長通達

　職発　都道府県労働（基準）局長宛（厚生）労働省職業安定局長通達

※　本書は原則として2023年4月1日時点で公表された内容をもとに解説しています。

第3編　選考から採用まで

第3章 内定後 219

第1編

採用の基礎知識

第1章

企業における採用と最近の動向

1 企業における採用業務とは

（1）人事部門の機能とは

　一般的に企業において採用業務を行う部門は、人事総務部門です。人事部門の機能（役割）は、調達（採用・育成）、配置、評価、報酬、管理運営、代謝に分けられます。また、各機能は、会社の方針や事業計画に基づき設計する必要があります。

調達	採用	必要な人材を採用業務により外部から確保する
	育成	必要な人材を育成により社内で確保する
配置		組織と職務の設計、職務と人材のマッチング
評価		目標達成度や職務行動による評価、調達・配置の評価
報酬		金銭・非金銭報酬の配分、金銭報酬の配分（短期・長期）
管理運営		各種制度の管理運営（報酬、労務等）
代謝		全社的かつ組織の新陳代謝

（2）採用業務の位置づけ

　採用業務は、上記（1）の通り、必要な人材を外部から調達する業務です。事業変革のスピードが成否を分ける近年では、育成による内部調達を待つより、必要な職務経験のある人材を速やかに配置できる採用業務の重要性が高まっているといえるでしょう。

（3）会社の成長と採用業務

　会社が求める人材は、会社の成長とともに変わります。会社の規模が大きくなれば、組織の階層化が必要となり、その階層や部門で求められる職務経験やスキルを持った人材が必要となります。また、人事部門の各機能の内容も会社の成長とともに見直すことが必要です。

2　最近の採用の動向

　以前の採用業務は、なるべく多くの応募者を集め、その中から採用する人を決めることが良い採用だと考えられていました。現在、総人口が減少し、少子高齢化が進むなかで、多くの応募者を集めることが難しくなってきました。実際に、新規学卒者の採用では内々定や内定後の辞退が、中途採用においても面接辞退や内定辞退が起きています。採用計画が未達に終わる企業は少なくありません。

　これらの状況から近年では、「待ち」の採用から「攻め」の採用に力を入れる企業が増えてきました。採用の母集団形成の手法が変わってきたということです。特に、会社が採用したい人材に直接アプローチするダイレクトリクルーティングが注目されています。

　これら採用手法については、会社の成長や欲しい人材に応じて「待ち」と「攻め」を使い分けている会社や、「攻め」の手法に移行した会社等、様々です。会社の採用方針を検討したうえで、自社の方針に合った採用手法を利用するようにしましょう。

Pull 型採用（待ち）	Push 型採用（攻め）
・求人広告や自社 HP 等で広く応募者を集めて選考する。 ・接触する人数は多いが、ターゲットとする人材で母集団形成は難しく期待値を満たす人材は多くない。 ・認知度の高い企業では一定の効果はあるが、大量応募に対して選考・日程調整等に多くの時間を費やす。	・会社が欲しい人材に能動的にアプローチする。 ・限られた母集団ではあるものの、期待値を満たす人材は多い。 ・認知・志望動機がない中でのアプローチとなり選考の動機付けや内定辞退防止が必要となる。 ・ターゲット人材を探す手間や上記のきめ細かい対応に時間を費やす。
人材エージェントやハローワーク等を活用した人材募集	人材紹介、リファラル採用、ダイレクトリクルーティング

採用方針・計画の策定

1 会社の採用方針の策定

　会社の採用活動は、人事業務の中での一部分の機能となりますが、多くの事項や施策と絡み合います。「誰を採用するか」を決定していくにあたっては、採用方針（以下「人事ビジョン」）が重要です。その人事ビジョンを土台に置き、いつ、どのような人材を、何人、どの部門に、どのようなポジションで、どのようにして採用するかを計画し、実行に移すことになります。必要要員数の確定があり、人事異動等では人員が配置できず、外から人材を迎える必要があると確認された場合、または中長期計画に基づき、戦略的に採用を行うと決定された場合に、採用活動という手段に移っていきます。

●人事ビジョンとは

　本章の人事ビジョンとは、会社のいわゆる、「従業員」、「社員」に対する考え方を定義したものです。会社の経営理念やビジョン等に基づき、会社の「従業員」、「社員」をどのように考えていくかを明らかにし、明文化したものが、人事ビジョンとなります。

　人事部門または人事担当者が人事制度や人事企画、施策を実施していくにあたっては、会社の土台となるその人事ビジョンをよりどころにする考え方をもつことにより、各人事の施策における場面で、一貫性を確保することができます。

　・採用活動

　・人材育成

・配置転換

・人事制度構築、改定、運用

・個別社員への人事対応　　等

〈参考：人事ビジョン策定にあたってのフレーム〉

①	会社の主義
	能力、成果（結果）、職務、行動（コンピテンシー）、年齢、勤続　等
②	人的資本とみるか、人的資源とみるか
	人的資本：人材を資本とみなして投資の対象とする考え方
	人的資源：人材を消費していく、使い果たすという考え方
③	従業員のキャリアプラン、ライフプラン
	従業員が「仕事に対し、どのように向き合ってほしいか」、「どのように働いてほしいか」
④	Do ／ How ／ What ／ Why
	どの層を仕事として重視するか
	Do：決められたルール通り、適切に対応することに価値を置く
	How：どのように考えて、対応するかに価値を置く
	What：何をすべきかも自身で考えることに価値を置く
	Why：なぜそれをするのか、何を目指すのかを考えることに価値を置く
⑤	従業員にどのような志向で働いてほしいか
	仕事型：仕事そのものにやりがいを感じる、個人裁量、結果追及
	組織型：会社理念の共感、仲間意識、チームワーク
	生活型：賃金、休暇、福利厚生への関心
⑥	個人の実績／チームの実績
	個人で実績をあげることを重視するか

	チームでの実績を重視するか	
⑦	長期勤続／代謝	
	従業員には長く働いてほしいのか	
	適度な代謝（退職）を繰り返してほしいのか	
⑧	上位層・中間層・下位層の格差	
	上位層を重視するか	
	全体バランスを優先するか	
⑨	多様性の考慮	
	同一性を重視するか	
	多様性を重視するか	

※上記表は一例です。また、雇用形態別、階層別、職種別に考慮することも必要です。

2 具体的な採用計画の立て方

　採用計画では、組織成果をあげるための理想の人員構成を考える必要がありますが、立案するにあたっては、いくつかの要素を検討しなければなりません。

●人材ポートフォリオの活用

　理想の人員構成を考える方法として、人材ポートフォリオがあげられます。

　人材ポートフォリオとは、経営戦略の実現という将来的な目標から導き出される必要な人材（≒質）について、その人材が過剰なのか、不足しているのか（≒量）のギャップを把握するためのフレームワークとなります。つまり、人材ポートフォリオを用いることで、過剰、不足数のギャップを明らかにすることができ、「どのような能力を持った人材が、どのタイミングで、どれほど必要か」を可視化することで、具体的な採用計画を検討

することが可能となります（過剰となっている人材についても可視化が可能です）。

　人材ポートフォリオは、採用計画の他、人材の配置などを行う際に利用されていますが、近年では雇用形態や働き方も多様化されていることから、雇用形態を問わず、広く全体最適となる構成を考えるためにが活用されています。

　人材ポートフォリオを作成する方法は、次の通りです。

---

①自社の現状把握

　人材ポートフォリオを作成する際は、データに基づいた自社の現状を把握することから始まります。まず、自社に必要な人材をグループごとに分類します。その分類方法は、会社の個別性により異なりますが、一般的な人材ポートフォリオの例（リクルートワークス研究所Works40参照）としては、人材の性質によって、以下の2軸・4象限に分類します（組織の単位は、企業全体または事業ごと）。

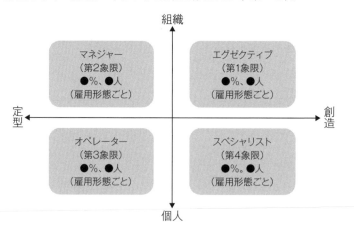

横軸：創造	新しいビジネスモデルや戦略上重要な商品や技術を考え、生み出すことを目標・ミッションとする人材

横軸：定型	既存の仕組みの維持・運用することを目標・ミッションとする人材
縦軸：組織	組織目標（売上、利益、イノベーションなど）を達成することを目標・ミッションとする人材
縦軸：個人	能力、技術などのスキルの発揮により、個人目標を達成することを目標・ミッションとする人材

　この2軸・4象限の分類で、「エグゼクティブ」「マネジャー」「オペレーター」「スペシャリスト」の4タイプに分類ができます。

エグゼクティブ	組織を通じて変革や創造を行う人材。経営幹部候補
マネージャー	組織を運用する人材。組織の長、いわゆる管理職
オペレーター	定型的な業務を運用する人材。正社員と限らず、アルバイトや派遣社員などを採用する場合もある
スペシャリスト	個人として、変革や創造を行う人材。外部活用（弁護士など）の例も多い

また、雇用形態によって分類することもひとつの方法です。

②理想と現実を比較し、課題を確認

　グループ分けによる、現状把握の後、グループごとの理想の配置人数を考えます。将来的な理想像が明確になることで、どの人材に課題があるかが明らかとなります。例えば、定型業務を行う人材と比較して、管理業務を行うマネジメント人材が極端に少なければ、定型業務を適切に管理できていない可能性があります。また、マネジメント人材の人数が確保できていても、勤続年数の短い若手社員が少なければ、10年後には人材不足が課題になるかもしれません。

　このように、人材の質的側面を縦軸と横軸で整理したのち、タイプ・レベル別に理想とする人員数と現状の人員数のギャップを概算し、各

象限のどの人材が不足しているのか、充足しているのかといった量的
側面を把握・可視化するという形で人材ポートフォリオを利用します。

●雇用形態の検討

　次に、外部から人材を採用、募集するにあたって、どのような雇用形態
をとるのかを考えていきます。労働契約、または労働契約以外の選択肢（人
材派遣や業務委託、委任契約）があるのかを検討し、決定することになり
ます。

　採用計画にあたっては、前記の通り、労働契約以外の契約についても検
討する機会が多く、人事担当者として、そのポイントを抑えておく必要が
あります。

　例えば、取締役は委任契約です。また、使用人兼務役員（取締役兼●●
部長等）の場合は、委任契約と労働契約の双方の契約が成立しています。
弁護士や税理士、社労士などのスペシャリストの活用についても、委任契
約が一般的です。また、成果物の作成を目的とするならば請負契約が適し
ています。一時的な人員の確保が必要な場合は、直接雇用ではなく、派遣
会社との派遣契約を利用する判断も必要かもしれません。人材を募る要望
があった場合は、必ずしも労働契約とする必要はなく、どの契約が適して
いるかを人事担当者として確認し、検討する必要があります。

契約関係	労働契約	請負契約	委任・準委任契約	派遣契約
関係条項	労働基準法第2条労働契約法第6条	民法第632条	委任：民法第643条準委任：民法第656条	労働者派遣法第2条
契約の目的	労務の提供	成果物の完成	委任：法律行為となる事務処理	労務の提供

労務提供の方法	会社の指揮監督関係のもと、契約内容に従い、労働者として労務を提供	会社と指揮命令関係はなく、独立して仕事を完成	準委任：法律行為以外の事務処理 会社と指揮命令関係はなく、独立して仕事を遂行	派遣先の指揮監督関係のもと、契約内容に従い、労働者として労務を提供
労働関係法規	適用	適用なし	適用なし	雇用関係のある派遣元に主に適用（派遣先も一部適用）
	労働基準法、最低賃金法、労働者災害補償保険法、雇用保険法、健康保険法、厚生年金保険法　他	－	－	労働基準法、最低賃金法、労働者災害補償保険法、雇用保険法、健康保険法、厚生年金保険法　他

●採用計画の作成

　採用計画を作成するにあたっては、既存社員に照らし、前記のギャップのある人材タイプごとに何％、何人必要なのか、人員構成を検討することになります。

　そしてそのギャップを埋めるために、「採用活動」（新卒採用、中途採用、派遣社員の活用、パート・アルバイト、契約社員の採用など）によってどれだけ増員する（できる）のか、「人事異動」（昇格昇進や職種転換、出向、転勤など）による内部での推移がどの程度あるのか、また「退職」（自己都合退職、役職定年、早期退職の推奨、解雇など）はどの程度発生するかを予測した上で、採用計画を作成することになります。

第2編

募集方法

募集要項の作成

　採用方針、採用計画が決定すると、募集要項を作成し、求人広告やホームページ等に掲載することになるでしょう。どのような人物を採用するかは当事者間の私的自治に委ねられるため、原則企業の自由ではあるものの、労働者の募集の方法や対象者の制限等については各種の法規制があります。

1 募集・求人を行う際の労働条件等の明示

（1）労働条件等の明示事項

　労働者になろうとする者（以下「求職者」）が、労働条件が不明瞭な状態のまま労働契約を締結することを防止するため、企業が自らまたは他に委託して労働者募集を行う場合や、ハローワークや民間の職業紹介事業者等を通じて求人を行う場合は、求職者に対して募集要項や求人票に以下の労働条件等を明示しなければなりません（職安法第5条の3）。

① 労働者が従事すべき業務の内容に関する事項
　※令和6年4月以降は「従事すべき業務の内容の変更の範囲」を含みます。
② 労働契約の期間に関する事項（期間の定めの有無、期間の定めがあるときはその期間）
③ 試用期間に関する事項（試用期間の有無、試用期間があるときはその期間）
④ （令和6年4月以降）有期労働契約を更新する場合の基準に関する事項（通算契約期間または有期労働契約の更新回数に上限の定め

がある場合には当該上限を含む）

⑤ 就業の場所に関する事項

　※令和 6 年 4 月以降は「就業の場所の変更の範囲」を含みます。

⑥ 始業および終業の時刻、所定労働時間を超える労働の有無、休憩
　時間および休日に関する事項

⑦ 賃金（臨時に支払われる賃金、賞与および労働基準法施行規則第
　8 条各号に掲げる賃金を除く）の額に関する事項

⑧ 健康保険、厚生年金、労働者災害補償保険および雇用保険の適用
　に関する事項

⑨ 労働者を雇用しようとする者の氏名または名称に関する事項

⑩ 労働者を派遣労働者として雇用しようとする旨（派遣労働者とし
　て雇用する場合のみ）

⑪ 就業の場所における受動喫煙を防止するための措置に関する事項

　一方で、実務上は次のような点が懸念されます。

●掲載スペースの都合上、前記の労働条件等を全て明示できない場合

　紙面の都合等やむを得ない事情があれば「別途明示する」旨を明記する
ことで、別途明示することも可能とされています。ただし、この場合でも
求職者と最初に接触する時点までには別途明示することとした労働条件等
について明示を行うことが必要です（職業安定法改正 Q&A[1]（以下「職
安法改正 Q&A」）　問1-2）。

●募集段階では賃金等の労働条件が確定していない場合

　求職者の能力、経験等によって個別に賃金額を決定する場合や、住居・
家族状況に応じて諸手当が支給される場合等、現実的には大半のケースで
募集段階で労働条件が確定していないことがあります。未確定の部分につ

1　出典：厚生労働省 HP（https://www.mhlw.go.jp/content/000377480.pdf）

いては、明示を行わないのではなく、一定の幅を持った明示（例えば、「基本給25万円～30万円／月」等）を行うことが適切とされています（職安法改正 Q&A　問1-2）。

Q1　**割増賃金を定額払いで求人を出したいが…**

　当社の営業部門は、月20時間分の時間外労働割増賃金を営業手当という名目で定額払いする制度を採用しています。営業部門の社員を募集する際、求人票の賃金に関する事項はどのように記載すべきでしょうか。

A1　いわゆる固定残業代制（一定時間分の時間外労働、休日労働および深夜労働に対する割増賃金を定額で支払うこととする労働契約）は、割増賃金相当部分と基本給その他諸手当との区分が不明瞭となるおそれや、基本給その他諸手当が高額であると誤認されるおそれがあるため、労働条件等の明示（⑥賃金の額に関する事項）にあたっては、割増賃金相当部分の手当名称にかかわらず、固定残業代に係る計算方法（固定残業代の算定の基礎として設定する労働時間数（固定残業時間）および金額を明らかにしなければならないとされています。さらに、固定残業代を除外した基本給の額、固定残業時間を超える時間外労働、休日労働および深夜労働分については、割増賃金を追加で支払うことを明示しなければならないとされています（職業紹介事業者、求人者、労働者の募集を行う者、募集受託者、募集情報等提供事業を行う者、労働者供給事業者、労働者供給を受けようとする者等がその責務等に関して適切に対処するための指針（以下「職業紹介事業者指針」）

第三１(3)ハ（平成11.11.17厚労告第141号　最終改正令和5.3.31厚労告165号））。

　　したがって、ご質問のケースでは、次のように記載する必要があります。

---

① 基本給　：××円（②の手当を除く額）

② 営業手当：時間外労働の有無に関わらず、月20時間分の時間外労働割増賃金として△△円を支給）

　　※月20時間を超える時間外労働分についての割増賃金は追加支給

（2）明示の方法

　労働条件の明示の方法は、書面による方法で直接交付か郵送が原則となっており、求職者が希望した場合に限りファクシミリや電子メール等（電子メールその他のその受信をする者を特定して情報を伝達するために用いられる電気通信：電子メール、SNSメッセージ等、当該明示事項を求職者が記録を出力することにより書面を作成できるものに限る）を利用する方法により行う必要があります（職安法施行規則第4条の2第2項）。

　インターネット等に掲載した募集要項に、明示すべき労働条件等をすでに明示していた場合であっても、これらの情報は書き換えることが可能であるため、求職者に対して記録の残る形での明示が求められていることに留意が必要となります。

（3）明示のタイミング

　原則として、求職者と最初に接触する時点までに労働条件等を明示することとされています（職業紹介事業者指針　第三１(4)イ）。この「最初に接触する時点」とは、面接、メール、電話などにより、求職者との間で意

思疎通（面接の日程調整に関する連絡等を除く）が発生する時点とされています（職安法改正 Q&A　問1-3）。現実的には初回の説明会や面接時、電話やメール等にて労働条件の詳細について問い合わせを受けたときということになるでしょう。しかし、電話やメール等の問い合わせ時に書面による方法で労働条件等を明示することが困難であれば、一旦は口頭等で回答のうえ、その後の面談時に明示することでも差し支えありません（職安法改正 Q&A　問1-4）。

（4）変更等の明示

　面接等の選考過程を経て、求職者と労働契約を締結しようとする際に、前記の明示した労働条件等を「変更」、「特定」、「削除」または「追加」する場合には、当該変更等の内容を1(2)と同様に原則書面にて明示しなければなりません（職業紹介事業者指針　第三2(1)）。

　変更等の明示の方法は、求職者が変更等内容を適切に理解できるよう、当初の明示と変更された後の内容を対照できる書面の交付が望ましいとされていますが、労働基準法第15条第1項の規定に基づく労働条件の明示書面において、変更された事項に下線を引いたり着色したりする方法や、脚注を付ける方法でも可能とされています（職業紹介事業者指針　第三2(3)）。

　ただし、求職者が、当該労働契約を締結するかどうか考える時間が確保されるよう、可能な限り速やかに変更等の明示を行うこととされています（職業紹介事業者指針　第三2(4)）。

① 「変更」の例

当初：基本給300,000円／月→基本給280,000円／月

② 「特定」の例

当初：基本給250,000円〜300,000円／月→基本給280,000円／月

③「削除」の例

> 当初：基本給250,000円／月、営業手当30,000円→基本給250,000円／月

④「追加」の例

> 当初：基本給250,000円／月→基本給250,000円／月、営業手当30,000円

（5）明示された労働条件等の記録保存

　求職者に対して明示した労働条件等に関する記録は、当該明示に係る労働者の募集が終了する日（当該明示に係る労働者の募集が終了する日以降に当該明示に係る労働契約を締結しようとする場合は、当該明示に係る労働契約を締結する日）までの間保存しなければなりません（職安法施行規則第4条の2第7項）。

（6）情報の的確な表示義務

　前記の労働条件等の明示のみならず、労働者の募集に関する情報を広告等（新聞・雑誌等刊行物に掲載する広告、文書の掲出または配布、書面、ファックス、電子メール、SNSメッセージ、テレビ、ラジオ、YouTube等オンデマンド放送等）により提供する場合には、求人情報や自社に関する情報の的確な表示の義務があり、虚偽の表示・誤解を生じさせる表示は禁じられています。また、これらの情報を正確かつ最新の内容に保たなければなりません（職安法第5条の4）。

　なお、当事者の合意に基づき、求人等に関する情報から実際の労働条件を変更することとなった場合は、虚偽の表示には該当しません。

●虚偽の表示・誤解を生じさせる表示の例

> - ●上場企業でないにも関わらず、上場企業であると表示する。
> - ●実際の業種と異なる業種を記載する。

- 実際に募集を行う企業とは別の企業の名前で求人を掲載する。
- 「正社員」と謳いながら、実際には「パート・アルバイト」の求人を行う。
- 実際の賃金よりも高額な賃金の求人を掲載する。
- 営業職中心の業務を「事務職」と表示する。
- 契約社員の募集を「試用期間中は契約社員」など、正社員の募集であるかのように表示する。
- フリーランス（委託）の募集と雇用契約の募集を混同する。
- 固定残業代を採用する場合に、基礎となる労働時間数を明示せず、基本給に含めて表示する。
- 優れた実績を持つグループ会社の情報を大きく記載する等、求人企業とグループ企業が混同されるような表示をする。
- モデル収入例を、必ず支払われる基本給のように表示する。

●正確かつ最新の内容に保つ義務

以下の措置を講じるなど、求人情報を最新の内容に保たなければなりません。

- 募集を終了・内容変更したら、速やかに求人情報の提供を終了・内容変更する。
- 求人メディア等の募集情報等提供事業者を活用している場合は、募集の終了や内容変更を反映するよう速やかに依頼する。
- いつの時点の求人情報か明らかにする。
- 求人メディア等の募集情報等提供事業者から、求人情報の訂正・変更を依頼された場合には、速やかに対応する。

2 男女差別・障害者差別・年齢制限の禁止

（1）男女差別の禁止

　男女雇用機会均等法は、労働者の募集・採用において性別を理由とする差別（直接差別）を禁じています（男女雇用機会均等法第5条）。また、合理的な理由がない場合における労働者の身長・体重・体力や、転居を伴う転勤に応じることを要件とすることを、間接差別として禁止しています（男女雇用機会均等法第7条）。

●性別を理由とする差別（直接差別）

　労働者の募集・採用について、次のような性別を理由とした差別は禁じられています（労働者に対する性別を理由とする差別の禁止等に関する規定に定める事項に関し、事業主が適切に対処するための指針（以下「性別を理由とする差別禁止等に関する指針」）　第二2(2)）。

　以下のような場合は違法となります。

　① 募集・採用の対象から男女のいずれかを排除すること。

　例）●一定の職種（いわゆる「総合職」、「一般職」等を含む）や一定の雇用形態（いわゆる「正社員」、「パートタイマー」等を含む）について、募集または採用の対象を男女のいずれかのみとすること。

　　　●募集・採用にあたって、男女のいずれかを表す職種の名称を用い（対象を男女のいずれかのみとしないことが明らかである場合を除く）、または「男性歓迎」、「女性向きの職種」等の表示を行うこと。

　　　●男女をともに募集の対象としているにもかかわらず、応募の受付や採用の対象を男女のいずれかのみとすること。

　　　●派遣元事業主が、一定の職種について派遣労働者になろうとする者を登録させるにあたって、その対象を男女のいずれかのみとすること。

② 募集・採用の条件を男女で異なるものとすること。

例）●募集・採用にあたって、女性についてのみ、未婚者であること、子を有していないこと、自宅から通勤すること等を条件とし、またはこれらの条件を満たすものを優先すること。

③ 採用選考において、能力・資質の有無等を判断する方法や基準について男女で異なる取扱いをすること。

例）●募集・採用にあたって実施する筆記試験や面接試験の合格基準を男女で異なるものとすること。

●男女で異なる採用試験を実施すること。

●男女のいずれかについてのみ、採用試験を実施すること。

●採用面接に際して、結婚の予定の有無、子供が生まれた場合の継続就労の希望の有無等一定の事項について女性に対してのみ質問をすること。

④ 募集・採用にあたって男女のいずれかを優先すること。

例）●採用選考にあたって、採用の基準を満たす者の中から男女のいずれかを優先して採用すること。

●男女別の採用予定人数を設定し、これを明示して、募集すること。または、設定した人数に従って採用すること。

●男女のいずれかについて採用する最低の人数を設定して募集すること。

●男性の選考を終了した後で女性を選考すること。

⑤ 求人の内容の説明等募集・採用に関する情報の提供について、男女で異なる取扱いをすること。

例）●会社の概要等に関する資料を送付する対象を男女のいずれかのみとし、または資料の内容、送付時期等を男女で異なるものとすること。

●求人の内容等に関する説明会を実施するにあたって、その対象を

男女のいずれかのみとし、または説明会を実施する時期を男女で異なるものとすること。

ただし、次のア、イのいずれかに該当する場合には、性別を理由とする差別の例外として、法違反とならないとされています（性別を理由とする差別禁止等に関する指針　第二14）。

ア　業務の遂行上、一方の性でならなければならない職務等

① 次に掲げる職務に従事する労働者に係る場合

● 芸術・芸能の分野における表現の真実性等の要請から男女のいずれかのみに従事させることが必要である職務

● 守衛、警備員等のうち防犯上の要請から男性に従事させることが必要である職務

● 上記のほか、宗教上、風紀上、スポーツにおける競技の性質上、その他の業務の性質上男女のいずれかのみに従事させることについて、これらと同程度の必要性があると認められる職務（業務の正常な遂行上、一方の性でなければならない職務に限り、単に一方の性に適していると考えられるだけでは該当せず）

② 労働基準法第61条第1項（深夜業）、第64条の2（坑内業務）、第64条の3第2項（危険有害業務）の規定により女性を就業させることができず、または保健師助産師看護師法第3項（助産師は女子をいう）の規定により男性を就業させることができないことから、通常の業務を遂行するために、労働者の性別にかかわりなく均等な機会を与えまたは均等な取扱いをすることが困難であると認められる場合

③ 風俗、風習等の相違により男女のいずれかが能力を発揮しがたい海外での勤務が必要な場合その他特別の事情により、労働者の性別にかかわりなく均等な機会を与えまたは均等な取扱いをすることが困難であると認められる場合

イ　男女の均等な機会・待遇の確保の支障となっている事情を改善するた

めに、事業主が、女性のみを対象とするまたは女性を有利に取り扱う
措置（ポジティブ・アクション）

① 女性労働者が男性労働者と比較して相当程度少ない雇用管理区分に
おける募集もしくは採用または役職についての募集または採用にあ
たって、当該募集または採用に係る情報の提供について女性に有利
な取扱いをすること、採用の基準を満たす者の中から男性より女性
を優先して採用することその他男性と比較して女性に有利な取扱い
をすること。

② 一の雇用管理区分における女性労働者が男性労働者と比較して相当
程度少ない職務に新たに労働者を配置する場合に、当該配置の資格
についての試験の受験を女性労働者のみに奨励すること、当該配置
の基準を満たす労働者の中から男性労働者より女性労働者を優先し
て配置することその他男性労働者と比較して女性労働者に有利な取
扱いをすること。

③ 一の雇用管理区分における女性労働者が男性労働者と比較して相当
程度少ない役職への昇進にあたって、当該昇進のための試験の受験
を女性労働者のみに奨励すること、当該昇進の基準を満たす労働者
の中から男性労働者より女性労働者を優先して昇進させることその
他男性労働者と比較して女性労働者に有利な取扱いをすること。

④ 一の雇用管理区分における女性労働者が男性労働者と比較して相当
程度少ない職務または役職に従事するにあたって必要とされる能力
を付与する教育訓練にあたって、その対象を女性労働者のみとする
こと、女性労働者に有利な条件を付すことその他男性労働者と比較
して女性労働者に有利な取扱いをすること。

⑤ 一の雇用管理区分における女性労働者が男性労働者と比較して相当
程度少ない職種への変更について、当該職種の変更のための試験の
受験を女性労働者のみに奨励すること、当該職種の変更の基準を満

たす労働者の中から男性労働者より女性労働者を優先して職種の変更の対象とすることその他男性労働者と比較して女性労働者に有利な取扱いをすること。

⑥　一の雇用管理区分における女性労働者が男性労働者と比較して相当程度少ない雇用形態への変更について、当該雇用形態の変更のための試験の受験を女性労働者のみに奨励すること、当該雇用形態の変更の基準を満たす労働者の中から男性労働者より女性労働者を優先して雇用形態の変更の対象とすることその他男性労働者と比較して女性労働者に有利な取扱いをすること。

「相当程度少ない」とは、我が国における全労働者に占める女性労働者の割合を考慮して、4割を下回っていることを指すとされています（改正雇用の分野における男女の均等な機会及び待遇の確保等に関する法律の施行について　第二3(6)）。

なお、上記措置（ポジティブ・アクション）は女性労働者のみが対象であり、男性労働者に係る特例は設けられていません。

●間接差別

労働者の性別以外の事由を要件とするもののうち、次のような措置は、実質的に性別を理由とする差別となるおそれがあるとして、対象となる業務の性質に照らして当該措置の実施が当該業務の遂行上特に必要である場合、事業の運営の状況に照らして当該措置の実施が雇用管理上特に必要である場合その他の合理的な理由がある場合でなければ、これを講じてはならないとされています(性別を理由とする差別禁止等に関する指針　第三)。

下記のような条件は合理的な理由がない場合違法となります。

①　募集・採用にあたって、労働者の身長、体重、または体力を要件とすること。

例）●募集・採用にあたって、身長・体重・体力要件を満たしている者のみを対象とすること。

- 複数ある採用の基準の中に、身長・体重・体力要件が含まれていること。
- 身長・体重・体力要件を満たしている者については、採用選考において平均的な評価がなされている場合に採用するが、身長・体重・体力要件を満たしていない者については、特に優秀という評価がなされている場合にのみ、その対象とすること。

（合理的な理由がないと認められる例）
- 荷物を運搬する業務を内容とする職務について、当該業務を行うために必要な筋力より強い筋力があることを要件とする場合
- 荷物を運搬する業務を内容とする職務ではあるが、運搬等するための設備、機械等が導入されており、通常の作業において筋力を要さない場合に、一定以上の筋力があることを要件とする場合
- 単なる受付、出入者のチェックのみを行う等防犯を本来の目的としていない警備員の職務について、身長または体重が一定以上であることを要件とする場合。

② 労働者の募集もしくは採用、昇進または職種の変更にあたって、転居を伴う転勤に応じることができることを要件とすること。

例）
- 募集もしくは採用または昇進にあたって、転居を伴う転勤に応じることができる者のみを対象とすること、または複数ある採用または昇進の基準の中に転勤要件が含まれていること。
- 職種の変更にあたって、転居を伴う転勤に応じることができる者のみを対象とすることまたは複数ある職種の変更の基準の中に転勤要件が含まれていること。例えば、事業主が新たにコース別雇用管理（事業主が、その雇用する労働者について、労働者の職種、資格等に基づき複数のコースを設定し、コースごとに異なる雇用管理を行うものをいう）を導入し、その雇用する労働者を総合職と一般職へ区分する場合に、総合職については、転居を伴う転勤

に応じることができる者のみ対象とすること、または複数ある職種の変更の基準の中に転勤要件が含まれていることなどが考えられること。

（合理的な理由がないと認められる例）

- 広域にわたり展開する支店、支社等がなく、かつ、支店、支社等を広域にわたり展開する計画等もない場合
- 広域にわたり展開する支店、支社等はあるが、長期間にわたり、家庭の事情その他の特別な事情により本人が転勤を希望した場合を除き、転居を伴う転勤の実態がほとんどない場合
- 広域にわたり展開する支店、支社等はあるが、異なる地域の支店、支社等で勤務経験を積むこと、生産現場の業務を経験すること、地域の特殊性を経験すること等が労働者の能力の育成・確保に特に必要であるとは認められず、かつ、組織運営上、転居を伴う転勤を含む人事ローテーションを行うことが特に必要であるとは認められない場合

※合理的理由の有無については、個別具体的な事案ごとに、総合的に判断が行われるものとなります。

Q2　女性のみを採用したところ、不採用となった男性応募者から違法だと主張されたが…

女性のみを採用したところ、不採用となった男性応募者から性別による採用の差別は違法だと主張されてしまいました。たとえ能力によって女性のみを採用していたとしても、これは違法となってしまうのでしょうか。

A2　男女雇用機会均等法は、募集・採用について、性別にかかわりなく均等な機会を与えることが定められており、前記

「ア　業務の遂行上、一方の性でならなければならない職務等」
か、「イ　男女の均等な機会・待遇の確保の支障となってい
る事情を改善するために、事業主が、女性のみを対象とする
または女性を有利に取り扱う措置（ポジティブ・アクション）」
のいずれかの例外規定に該当する場合を除き、男女のいずれ
かを排除することや優先することを禁じています。

しかし、募集・採用過程において、応募者の能力や適性等
を公正に判断した結果として、女性のみが採用となった場合
にまで法違反となるものではありません。

ご質問のケースで、女性のみが採用となった経緯は分かり
ませんが、男女を問わず公正な募集・採用過程を経た結果と
して、たまたま女性のみが採用となったとしても、違法では
ありません。一方で、例えば「女性中心の職場だから」といっ
た意図をもって女性のみを採用したのであれば法違反となり
ます。

（2）障害者差別の禁止

障害者雇用促進法では、雇用の分野（募集・採用の場面のみならず、採
用後の賃金、配置、昇進、福利厚生などのあらゆる場面）での障害者差別
の禁止と、合理的配慮の提供義務を定めています（障害者雇用促進法第34
条、第35条）。

これらの対象となる障害者とは、身体障害、知的障害、精神障害（発達
障害を含む）その他の心身の機能の障害があるため、長期にわたり、職業
生活に相当の制限を受け、または職業生活を営むことが著しく困難な者（障
害者雇用促進法第2条第1項第1号）と定義されており、障害者雇用率の
対象となる障害者のみならず、障害者手帳を所持していない者であっても、
心身の機能の障害のため長期間にわたり職業生活に相当の制限を受け、ま

たは職業生活を営むことが著しく困難な者は、対象となる障害者に含まれます。

　禁止される差別とは、雇用の分野において、障害者であることを理由として、
●障害者を排除すること
　例）単に「障害者だから」という理由で、求人への応募を認めないこと
●障害者に対して不利な条件を設けること
　例）業務遂行上必要でない条件を付けて、障害者を排除すること
●障害のない人を優先すること
　例）採用基準を満たすものが複数名存在した場合に、その労働能力等に
　　　基づかず、障害者でないものから順番に採用すること
　等が該当します（障害者に対する差別の禁止に関する規定に定める事項に関し、事業主が適切に対処するための指針（以下「障害者差別禁止指針」）第三1(2)）。
　なお、以下に該当する場合は、禁止される差別には該当しません（障害者差別禁止指針　第三14)。
●積極的な差別是正措置として、障害者を有利に取り扱うこと
　例）障害者のみを対象とする求人など
●合理的配慮を提供し、労働能力などを適正に評価した結果として障害者でない人と異なる取扱いをすること
　例）障害者でない労働者の能力が障害者である労働者に比べて優れている場合に、評価が優れている障害のない労働者を昇進させること
●合理的配慮に応じた措置をとった結果として障害者でない人と異なる取扱いとすること
　例）研修内容を理解できるよう、合理的配慮として障害者のみ独自のメニューの研修をすること

　合理的配慮とは、募集・採用時においては、障害者と障害者でない人との均等な機会を確保するための措置をいい、採用後においては、障害者と障害者でない人の均等な待遇の確保または障害者の能力の有効な発揮の支障となっている事情を改善するための措置をいいます。

　障害者一人ひとりの状態や職場環境などによって、求められる配慮は異なり、多様で個別性が高いものである点には留意が必要です。

　募集・採用時の合理的配慮の提供にあたっては、事業主はどのような障害特性を有する障害者から応募があるか分からず、どのような合理的配慮の提供を行えばよいのか不明確な状況にあることから、障害者から事業主に対しての支障となっている事情や必要な配慮の申出を契機としています。申出を受けた場合は、どのような合理的配慮を提供するか、障害者と事業主でよく話し合い、過度な負担にならない範囲でその措置を提供する必要があります。ただし、その措置を講じることが事業主にとって過度な負担を及ぼすことになる場合には、合理的配慮の提供義務はありません。

　過度な負担に当たるか否かについては、以下の①～⑥の要素を総合的に勘案し、個別の措置ごとに事業主が判断することになります。

---

① 事業活動への影響の程度　② 実現困難度　③ 費用・負担の程度
④ 企業の規模　⑤ 企業の財務状況　⑥ 公的支援の有無

　募集・採用時の合理的配慮としては、次のような例が考えられます。
● 視覚障害がある人に対し、点字や音声などで採用試験を行うこと
● 聴覚・言語障害がある方に対し、筆談などで面接を行うこと

(3) 年齢制限の禁止

　労働施策総合推進法は、労働者の募集・採用において年齢にかかわりなく均等な機会を与えなくてはならないと規定し、年齢制限を禁止していま

す（労働施策総合推進法第9条）。これは、形式的に求人票等を「年齢不問」とすれば良いということではなく、年齢を理由に応募を断ったり、年齢を理由に採否を決定することも法違反となります。また、応募者の年齢を理由に雇用形態や職種などの求人条件を変えることもできません。

　ただし、例外として次のいずれかの事由に該当する場合には、年齢を理由とする制限が認められています（労働施策総合推進法施行規則第1条の3）。

例外事由1号	定年年齢を上限として、その上限年齢未満の労働者を期間の定めのない労働契約の対象として募集・採用する場合 **（認められる事例）** ●定年が60歳の会社が、60歳未満の人を募集 **（認められない事例）** ●60歳未満の人を募集（契約期間1年。更新あり） →有期労働契約であるため認められない ●60歳未満の人を募集（定年が63歳） →上限とすることができるのは定年年齢であり、それ以外の年齢は認められない ●40歳以上60歳未満の人を募集（定年が60歳） →例外事由1号を理由として下限年齢を記載することは認められない ●○○業務の習熟に2年間必要なため、58歳以下の人を募集（定年が60歳） →既に十分な職務経験を有する人が応募することも想定されるため、一律に年齢で制限することは認められない
	労働基準法その他の法令の規定により、年齢制限が設けられ

例外事由2号	ている場合 （認められる事例） ●18歳以上の人を募集（労働基準法第62条の危険有害業務） ●18歳以上の人を募集（警備業法第14条の警備業務）
例外事由3号イ	長期勤続によるキャリア形成を図る観点から、若年者等（＊1）を期間の定めのない労働契約の対象として募集・採用する場合（＊2） （認められる事例） ●35歳未満の人を募集（高卒以上・職務経験不問） ●45歳未満の人を募集（要普通自動車免許） →実務経験を有する資格でなければ、必要な免許資格を定めることは可能 ●令和○年3月大学卒業見込みの人を募集 →卒業年を記載して新卒者のみを募集する場合は、年齢制限には該当しない （認められない事例） ●30歳未満の人を募集（契約期間1年。更新あり） →有期労働契約であるため認められない ●おおむね40歳未満の人を募集（1級建築士保持者） →職務経験の有無や、職務経験がないと取得できない免許資格を記載することは認められない ●18歳以上35歳未満の人を募集 →例外事由3号イを理由として下限年齢を記載することは認められない
	技能・ノウハウの継承の観点から、特定の職種（＊3）におい

て労働者が相当程度少ない（＊4）特定の年齢層（＊5）に限定し、かつ、期間の定めのない労働契約の対象として募集・採用する場合

　※判断にあたっては、企業単位で判断することが原則ですが、一部の事業所で採用などの雇用管理を行っている場合には、その事業所を単位として判断することも認められます。

例外事由3号ロ

（認められる事例）

●電気通信技術者として、30〜39歳の人を募集（電気通信技術者は、20〜29歳が10人、30〜39歳が2人、40〜49歳が8人）

（認められない事例）

●電気通信技術者として、25〜34歳の人を募集

→30〜49歳の範囲に収まっていないため認められない

●電気通信技術者として、35〜49歳の人を募集

→年齢幅が5〜10歳を超えているため認められない

●電気技術者として、30〜39歳の人を募集（電気通信技術者は、20〜29歳が30人、30〜39歳が15人、40〜49歳が25人）

→同じ年齢幅の上下の年齢層と比較して2分の1以下となっていないため認められない

例外事由3号ハ

芸術・芸能の分野における表現の真実性などの要請がある場合

（認められる事例）

●演劇の子役のため、○歳以下の人を募集

（認められない事例）

●イベントコンパニオンとして、30歳以下の人を募集

	→芸術・芸能の分野に該当しないため認められない
例外事由3号ニ	60歳以上の高年齢者(＊6)、就職氷河期世代の不安定就労者・無業者(＊7)または特定の年齢層の雇用を促進する政策（国の施策を活用しようとする場合に限る）(＊8)の対象となる人に限定して募集・採用する場合 **（認められる事例）** ●60歳以上の人を募集 ●就職氷河期世代（昭和42年4月2日〜昭和63年4月1日生まれ）を募集（無期雇用・職務経験不問） ●（特定求職者雇用開発助成金の対象者として）60歳以上65歳未満の人を募集 **（認められない事例）** ●60歳以上70歳以下の人を募集 →60歳以上の高齢者を募集・採用する際に上限年齢を付しているため認められない ●（特定求職者雇用開発助成金の対象者として）55歳以上65歳未満の人を募集 →募集・採用する年齢層が国の施策の対象となる特定の年齢層と異なるため認められない

（＊1）「若年者等」とは、基本的には、35歳未満の若年者を想定していますが、必ずしも35歳未満に限られるものではありません。ただし、定年を定めている場合、勤続可能期間が極端に短くなるような上限年齢を設定して募集・採用することは認められません（おおむね45歳未満を目安）。

（＊2）新卒一括採用という雇用慣行のなかで、雇用情勢の悪化に伴い、特に就職の厳しい時期に正社員になれなかった年長フリーターやニートの増加といった、近年の若者をめぐる雇用問題に配慮して設けられた例外事由です。よって、

① 対象者の職業経験について不問とすること

② 新卒者以外の者について、新卒者と同等の処遇にすること（新卒者と同様の訓練・育成体制、配置・処遇をもって育成しようとしている場合を指すものであり、賃金などが新卒者と完全に一致しなければならないということではありません）を要件として、新卒

者をはじめとした若年者等を期間の定めのない労働契約の対象として募集・採用する場合には、例外的に上限年齢を定めることが認められます。

（＊３）「職種」とは、厚生労働省「職業分類」の小分類もしくは細分類、または総務省「職業分類」の小分類を参考にしてください。

（＊４）「相当程度少ない」場合とは、同じ年齢幅の上下の年齢層と比較して、労働者数が２分の１以下である場合が該当します。

（＊５）「特定の年齢層」とは、30〜49歳のうちの特定の５〜10歳幅の年齢層となります。

（＊６）60歳以上の高年齢者に限定して募集・採用する場合には、年齢制限をすることが認められます。

（＊７）令和７年３月31日までの間、安定した職業に就いていない者を対象とし、期間の定めのない労働契約を締結することを目的とし、職業に従事した経験があることを求人の条件としない場合には、就職氷河期世代（昭和43年４月２日から昭和63年４月１日までに生まれた者）に限定した募集・採用が認められます。この場合、ハローワークに同じ求人を提出する必要があります。

（＊８）特定の年齢層の雇用を促進する国の施策（雇い入れ助成金など）を活用するため、その施策の対象となる特定の年齢層に限定して募集・採用する場合には、年齢制限をすることが認められます。

Q3 若い人に入ってきてほしいが、30歳以下で募集をかけるのは違法だといわれてしまったが…

若い人にたくさん入ってきてほしいため、30歳以下で募集をかけたところ、応募者から違法であるといわれてしまいました。社内の新陳代謝を理由に募集年齢に制限をかけるのは違法でしょうか？

A3 前記のとおり、労働施策総合推進法は労働者の募集・採用において、年齢にかかわりない均等な機会を与えるために、原則として年齢制限を禁止しています。しかし、労働施策総合推進法施行規則第１条の３第１項の規定に該当する場合には例外的に年齢制限を行うことが認められています。

したがってご質問のケースの「若い人に入ってきてほしい」目的がこれらの例外事由に該当しない場合には法違反となりますが、例えば例外事由３号イに掲げる、長期勤続によるキャリア形成を図る観点から、若年者等を期間の定めのない

労働契約の対象として募集・採用し、対象者の職業経験について不問とする、新卒者と同等の処遇とすることを要件として募集・採用する場合には、例外的に上限年齢を定めることが認められます。

なお、例外事由3号イは、若年者を採用し、長期勤続によるキャリア形成を図る我が国の雇用慣行を一定程度尊重する必要があるほか、現下の雇用情勢にかんがみれば、フリーター等の若年者に雇用機会を与えるために年齢制限を認めることに一定の合理性がある場合も考えられることから設定されたものであり、基本的には、35歳未満の若年者を想定したものです。しかしながら、長期勤続によるキャリア形成を図る観点での募集・採用であって、経験不問かつ新規学卒者と同等の条件であれば、「40歳未満を募集」という求人も認められる場合があり得ます。ただし、長期勤続によりキャリア形成に要する期間が定年までの勤続可能期間に比べて短い場合には、この例外事由に該当しません。また、「30歳未満を募集」、「25歳未満を募集」といった年齢制限の上限年齢が低い求人については、青少年の雇用の促進等に関する法律第7条に基づく「青少年の雇用機会の確保及び職場への定着に関して事業主、特定地方公共団体、職業紹介事業者等その他の関係者が適切に対処するための指針」に基づき、若者の応募機会の拡大等の観点等から、若者が広く応募できるよう、努めていただくことが必要です（労働者の募集及び採用における年齢制限禁止の義務化に係るQ&A[2]　Q4-3）。

2　厚生労働省HP　https://www.mhlw.go.jp/content/000708081.pdf

対応チェックリスト

☑	チェック項目	参照頁
☐	募集要項や求人票の労働条件等の明示事項は漏れなく記載しているか	労働条件等の明示事項 P14〜
☐	求職者に対して原則書面（本人が希望した場合に限り電子メール等）で労働条件等を明示しているか	明示の方法 P17
☐	求職者と最初に接触する時点までに労働条件等を明示しているか	明示のタイミング P17〜
☐	明示済みの労働条件等を変更等（変更・特定・削除・追加）する場合は、変更内容を適切に理解できるよう対照できる書面の交付または労働条件通知書に下線・着色・脚注することで明示しているか	変更等の明示 P18〜
☐	当該労働者の募集が終了する日または当該労働者と労働契約を締結する日までの間保存しているか	明示された労働条件等の記録保存 P19
☐	求人情報や自社に関する情報を的確に表示しているか	情報の的確な表示義務 P19〜
☐	正確かつ最新の内容に保持しているか	正確かつ最新の内容に保つ義務 P20
☐	例外事由を除き、男女のいずれかを排除することや優先していないか	性別を理由とする差別（直接差別） P21〜
☐	合理的理由なく身長・体重・体力を要件とすることや、転勤要件を課していないか	間接差別 P25〜
☐	障害者であることを理由とする差別となっていないか	障害者差別の禁止 P28〜

☐	障害者から申出を受けた場合は、過度な負担にならない範囲で合理的配慮を提供しているか	障害者差別の禁止 P29〜
☐	例外事由に該当しない年齢制限を行っていないか	年齢制限の禁止 P30〜

新卒採用

　大学や高校の卒業時期と接続した新卒者の一括採用は、正社員として定年までのいわゆる終身雇用を前提とした日本特有のシステムといえます。事業環境の変化に伴う雇用の流動化や、労働者のキャリアアップ思考の高まりから、終身雇用慣行は徐々に失われつつあるものの、正社員の採用者に占める大卒新卒者の比率は、今後も大きな変動は少ないものと考えられます。

　新卒採用は、在学中の学生・生徒の学業との両立や、各社が同時期に、かつ大人数を対象に実施するという特殊性もあるため、トラブルも想定されます。本章では、新卒採用において留意すべき事項について解説します。

1　新卒採用の時期

（1）大学新卒者（学生）

　学生の採用活動の日程については、学業に支障が生じないよう政府から経済団体等への要請という形で以下の日程が示されており、2024年度（2025年3月）卒業・修了予定の学生の採用活動の日程は次のとおりとなっています[1]。なお、対象となる「学生」とは、日本国内の大学、大学院修士課程、短期大学、高等専門学校の卒業・修了予定者が対象ですが、大学院博士課程（後期）に在籍している院生はこの限りではありません。

1　2024年度卒業・修了予定者の就職・採用活動日程に関する考え方（令和4年11月30日、就職・採用活動日程に関する関係省庁連絡会議）

●広報活動開始　　　：卒業・修了年度に入る直前の3月1日以降
●採用選考活動開始　：卒業・修了年度の6月1日以降
●正式な内定日　　　：卒業・修了年度の10月1日以降

　「広報活動」とは、採用を目的として、業界情報、企業情報、新卒求人情報等を学生に対して広く発信していく活動をいいます。その開始期日の起点は、自社の採用サイトあるいは求人広告会社や就職支援サービス会社の運営するサイト等で学生の登録を受け付けるプレエントリーの開始時点となります。広報活動の開始期日より前に行う活動は、不特定多数に向けた一般的なものに留める必要があります。

　「採用選考活動」とは、一定の基準に照らして学生を選抜することを目的とした活動をいいます。具体的には、選考の意思をもって学生の順位付けまたは選抜を行うもの、あるいは、当該活動に参加しないと選考のための次のステップに進めないものであり、こうした活動のうち、時間と場所を特定して学生を拘束して行う面接や試験などの活動をいいます。

　しかし、複数の企業・学生に対するアンケート調査結果等[2]からは、採用活動の激化を背景に、数多くの企業で前記日程より前倒しでの広報活動、選考活動、内定が行われており、この要請は形骸化しているといわざるを得ないのが実情となっています。2025年度（2026年3月）以降卒業・修了予定の学生の就職・採用活動については、専門性の高い人材（専門活用型インターンシップを通じて専門性を判断された学生）に関する採用日程の弾力化が検討されています。

（2）高校新卒者

　高等学校の卒業予定者の採用活動については、学生と異なり、企業から

2　「令和4年度就職・採用活動に関する調査結果（企業等）」（文部科学省）ほか

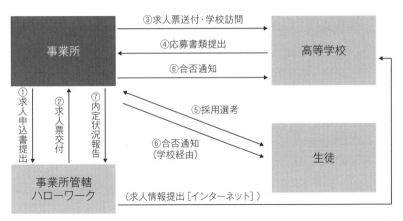

　ハローワークに提出され受理番号を得られた求人票をもとに、高校を経由して原則１人１社の応募・推薦（いわゆる１人１社制）が行われることとなっています。多くの都道府県では、９月中までは１人１社制を採っており、10月以降は１人２社などの複数応募が可能となっていますが、時期や社数の制限は都道府県によって異なっています。

　採用活動の日程は、全国高等学校長協会、主要経済団体、文部科学省、厚生労働省の協議によって毎年度決定されており、2023年度（2024年３月）卒業者は以下のとおりとなっています（令和６年３月新規中学校・高等学校卒業者の就職に係る推薦および選考開始期日等並びに文書募集開始時期等について（令和5.2.10職発0210第２号））。

ハローワークによる求人申込書の受付開始	卒業年度の６月１日
企業による学校への求人申込および学校訪問開始	卒業年度の７月１日
学校から企業への生徒の応募書類提出開始	卒業年度の９月５日 （沖縄県は８月30日）
企業による選考開始および採用内定開始	卒業年度の９月16日

2　募集要項

（1）大学新卒者

　第2編1章で解説した募集要項や求人票における労働条件等の明示ルールは、全ての労働者の募集・求人について適用されるため、新卒採用であってもこの法規制に変わりはありません。しかし、これまで本格的な職業経験が無い卒業予定者にとっては今後の長い人生の生活基盤ともいえる就職先を決める上で、また、企業にとっては高まる学生の獲得競争を有利に進めるためには、職業安定法が規定する明示事項以外にも、入社後のキャリアプラン、具体的な仕事内容・求める人物像、在宅勤務制度といった、学生が知りたい情報を充実させる工夫が求められるでしょう。ただし、この場合であっても、「情報の的確な表示義務」（P19）が課せられていることに留意が必要です。

　なお、新卒者の労働条件等の「変更等の明示」（P18）について、労働条件等の変更等を行うことは不適切とされており、もし変更等を行う場合には、採用内定時までに労働条件等の変更等の明示が行われるべきとされています（新卒者以外については労働条件通知時に併せて行うことでも可）。

Q1 **知名度のある親会社で新卒採用を行って、入社後すぐ当社に出向させることを考えているが…**

　新卒採用に取り組んでいるものの、近年の売り手市場や知名度が低いこともあって、採用計画人数に充足しない状態が続いています。知名度のある親会社が新卒採用を行って、入社後は当社に出向させることを考えていますが問題ないでしょうか。

A1 　出向とは、労働者が自己の雇用先の企業に在籍のまま、他の企業の従業員（ないし役員）となって相当長期間にわたって当該他企業の業務に従事することをいいます[3]。このようないわゆる在籍出向と呼ばれる出向元企業（ご質問のケースでは親会社）に籍を置いたまま、出向先企業の指揮命令下で業務に従事するタイプの出向は、雇用機会の確保、経営・技術指導、職業能力開発、企業グループ内の人事交流の一環として、人事異動の一部として広く行われている実態があります。

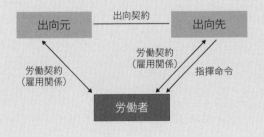

3　菅野和夫『労働法』（弘文堂［第12版］2019）735頁

　一方で、在籍出向は出向元から出向先へ使用者の変更を伴うことになるため、裁判例においては出向労働者の利益に配慮した詳細な根拠規定が存在[4]するか、対象労働者との個別同意が必要とされています。

　また、これらを満たす根拠規定が存在（＝出向命令権が存在）したとしても、労働契約法第14条の規定に照らして、在籍出向の必要性や対象労働者の選定にかかる事情と労働者に生じる不利益の程度を考慮し、権利濫用と判断されるおそれもあります。

　ご質問のケースでは、親会社に新卒採用された後に、雇用確保等の業務上の必要性が生じた結果として出向を命じるのであれば適法と考えられますが、募集段階から親会社で就業させる意図がなく、採用難のみを理由とした入社直後の出向命令は、権利濫用とされる可能性が高いと思われます。

　また、もっぱら貴社で就業させることが前提の募集である場合には、親会社の知名度を利用して行われた求人等に関する情報の虚偽の表示（P19）と判断されると考えられます。

4　新日本製鐵事件：平成15年4月18日最高二小判・集民209号495頁

（2）高校新卒者

①　求人申込書の提出［6月1日以降］

　高校新卒者の求人専用の「求人申込書（高卒）」（P46〜53参照）を入力し、事業所の所在地を管轄するハローワークへ提出します。初めて求人を申し込む場合は、事業所の所在地を管轄するハローワークにおける事業所登録が必要となります。登録内容はいつでも変更可能です。求人申込書は最寄りのハローワークで配布されているほか、インターネットからオンライン登録することも可能です。

　ハローワークで、求人申込書に記載された求人条件に法令違反がないことを確認後、確認印が押印された求人票が交付されます。

〈「求人申込書（高卒）」記載例〉

厚生労働省「求人申込書（高卒）の書き方のポイント」より

（1／4）

求人申込書（高卒）　　　　　　　　　受付年月日　　《令和》　　　年　　　月　　　日

求人区分	事業所名： 霞ヶ関電子工業　株式会社	事業所番号： 1307-940621-1
	求人の対象年度　（　2021　）年　月卒業の求人	
	公開希望	(1).事業所名等を含む求人情報を公開する　　4．求人情報を公開しない

仕事内容	**職種**：(全角40文字以内)　営業	
	仕事の内容：(全角300文字以内) 自社で製造している電子部品（主に自動車用部品）の法人向け営業 ・受注計画に基づき新製品開発に合わせた製品の提案・見積り ・受注から納品までのフォロー・代金回収等	
	就業形態 (1).派遣・請負ではない 2.派遣 3.紹介予定派遣 4.請負	**雇用形態** (1).正社員　2．正社員以外　3．有期雇用派遣労働者　4．無期雇用派遣労働者 正社員以外の名称（　　　　　　　　　　　　）
	雇用期間	(1).定めなし　2．定めあり(4ヶ月以上)　3．定めあり(4ヶ月未満)　4．日雇 　　年　　月　　日～　　年　　月　　日　又は　　年　　ヶ月
	契約更新の可能性	1．あり（　原則更新　・　条件付きで更新あり　）　2．なし
	試用期間	(1).あり　2．なし →　試用期間中の労働条件：　　(同条件)　・　異なる
	就業場所 （所在地・名称等）	□ 事業所所在地に同じ　　　　　□ 在宅勤務に該当 〒 100-0000 東京都千代田区○○○1-×-×
	所在地(全角90文字以内)	
	最寄り駅(全角26文字以内)	最寄り駅（　　○○線△△　　駅）から (徒歩)・車]で（　10　分）
	受動喫煙対策に関する特記事項(全角60文字以内)	従業員数：就業場所（　105　人）うち女性（　42　人）うちパート（　6　人）
	受動喫煙対策	(1).あり（ 受動喫煙対策の内容：屋内禁煙　・ (喫煙室設置) ）2.なし(喫煙可) 3.その他 受動喫煙対策に関する特記事項： 　喫煙できる部屋がある
	マイカー通勤 1.可 (2).不可	**転勤の可能性** (1).あり 2.なし　　**通学** (1).可 2.不可
	既卒者・中退者の応募可否	既卒応募 (1).可 2．不可　　　中退者応募 (1).可 2．不可 →　卒業後概ね（　3　）年以内
	必要な知識・技能等 （履歴科目） 詳細：(全角210文字以内)	1．必須 (2).あれば尚可 3．不問	**必要な知識・技能等の詳細：** 　普通自動車免許（AT限定可）　（入社後の取得可）

賃金・手当	**賃金形態等**	(1).月給 2.日給 3.時給 4.年俸制 5.その他	**毎月の賃金** (1).現行 2．確定	
			基本給(a)　　　165,000 円	月平均労働日数　　19.8日
	定額的に支払われる手当(b) (手当名は全角6文字以内)	1　営業　　手当　　　30,000 円	3　　　　手当	円
		2　　　　　手当　　　　　　 円	4　　　　手当	円
	固定残業代(c) (全角120文字以内)	1．あり →　　16,000 円 2．なし	固定残業代に関する特記事項：時間外手当は、時間外労働時間の有無にかかわらず、固定残業代として支給し、10時間を超える時間外労働は追加で支給。	

求人区分

【公開希望】
各高等学校の進路指導教諭に対して、高卒就職情報WEB提供サービスで求人情報を公開することを希望する場合には「１事業所名等を含む求人情報を公開する」を選択し、希望しない場合には「４求人情報を公開しない」を選択してください。

仕事内容

【仕事の内容】
学生が最も重要視する項目の一つです。詳しく説明することで、求職者の方の疑問やとまどいを解消し、応募者が増えることにつながります。応募者の目線に立って詳細かつ分かりやすい内容で記入して下さい。

【就業形態】【雇用形態】
・該当する数字に○を記入してください。
・雇用形態の「２．正社員以外」を選んだ場合は、「正社員以外の名称」に準社員、期間社員などの具体的な名称を記入してください。
・無期派遣労働者については誤解を招かないよう「１.正社員」ではなく、「４.無期雇用派遣労働者」としてください。

【雇用期間】
定めありの場合は期間を明示してください。

【契約更新の可能性】
・「雇用期間」欄で「あり」と回答した場合に記入してください。
・契約更新の可能性「あり」の場合には、「原則更新」か「条件付きで更新あり」のいずれかを選択し、更新の際の条件などについて「補足事項」欄（３頁）に詳しく記入してください。

【試用期間】
試用期間がある場合はその期間を「補足事項」欄（３頁）に記入するとともに、労働条件が異なる場合はその内容も「補足事項」欄（３頁）に記入してください。

【就業場所】
本社で採用事務を一括処理する等により、求人申込み時にその就業場所が特定できない場合は、就業可能性のある工場・支店等を記入し、「補足事項」欄（３頁）に就業場所決定の方法・時期等を記入してください。

【受動喫煙対策】
・受動喫煙対策の有無を選択してください。
　なお、「その他」を選択した場合は、「受動喫煙対策に関する特記事項」欄に記入してください。
・「喫煙室設置」で「喫煙室設置」を選択した場合は、「喫煙のみを行う室がある」、「喫煙できる室（飲食サービス提供あり）がある」、「加熱式たばこのみの喫煙ができる室がある」等を「受動喫煙対策に関する特記事項」欄に記入してください。

【マイカー通勤】
・「可」の場合は駐車場の有無や有料か無料等の情報を「求人条件にかかる特記事項」欄（３頁）に記入してください。
・【通学】が「可」で配慮（時間配慮、賃金補助等）がある場合は、青少年雇用情報の「２（２）自己啓発支援の有無及びその内容」欄（４頁）に詳しい情報を記入してください。

【転勤の可能性】
転勤の可能性がある場合は、「あり」を選択するとともに、「補足事項」欄（３頁）に可能性のある地域を記入してください。

【必要な知識・技能等】
・高校生の採用は未経験者の採用が基本です。できる限り応募の機会を広げていただくようお願いします。例えば、普通自動車運転免許が必要な場合でも、誕生日などの事情により入社までに取得ができない求職者もいるため、入社後の取得を認める等柔軟な対応をお願いします。

賃金・手当

【賃金形態等】
該当する数字に○を記入してください。
（・月給…月額を決めて支給、日給…日額を決めて、勤務日数に応じて支給、時給…時間額を決めて勤務時間数に応じて支給、年俸制…年額を決めて、各月に配分して支給、その他…具体的に明示してください。）
※月給制において欠勤した場合に賃金控除がある場合は、「補足事項」欄（３頁）に具体的に記入してください。

【基本給】
・「基本給」欄には、初任給の額を記入してください（固定残業代や各種手当は含めないでください）。
　また、記入した賃金に応じて、「現行」か「確定」のいずれかを選択してください。
　※「現行」：申込み時点で賃金額の確定が困難な場合、当該年の新規高等学校卒業者採用者の現行の賃金額とする。
・基本給は、月給制の場合にはその額を、月給制以外の場合には１日の所定労働時間、月平均労働日数等から算出した月額を記入してください。

【固定残業代】
固定残業代がある場合は「あり」を選択し、額を記入します。その上で、「固定残業代に関する特記事項」欄に「時間外手当は、時間外労働の有無にかかわらず、固定残業代として支給し、●時間を超える時間外労働は追加で支給」と記入してください。

（2／4）

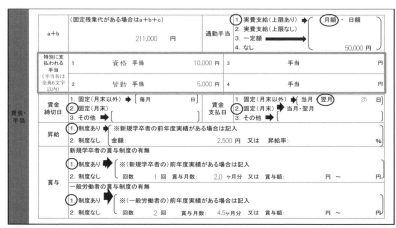

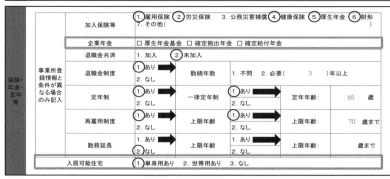

仕事内容

【手当】
「定額的に支払われる手当」とは、毎賃金支払時に全員に決まって支給される賃金をいいます。
定額的に支払われる手当の他、家族手当、皆勤手当等、個人の状態・実績に応じて支払われる手当等がある場合は、「求人条件にかかる特記事項」欄（次頁）にその内容を記入してください。

労働時間

【就業時間】
※法定労働時間にご注意ください。必要に応じて就業規則や各種届出の内容を確認させていただく場合があります。

・**1.交替制（シフト制）について**
　交代制により就業時間が異なる場合に選択し、「就業時間１」〜「就業時間３」にそれぞれの就業時間帯を入力してください。
　一定期間（１週間や１ヶ月など）ごとに作成される勤務割などにおいて労働時間が確定されるような場合は、「補足事項」欄（次頁）にシフト作成・変更の手続き・ルール、労働日、労働時間などの設定に関する基本的な考え方を具体的に入力してください。

・**2.フレックスタイム制について**
　「就業時間１」に標準となる一日の就業時間を記入し、
　「補足事項」欄（次頁）にフレキシブルタイム・コアタイムの就業時間帯を記入してください。

・**3.裁量労働制について**
　特に指定がなければ「就業時間１」に記入する必要はありませんが、「補足事項」欄（次頁）に詳細を記入してください。
　例：「裁量労働制（○○業務型）により、出退社の時刻は自由であり、○時間勤務したものとみなす」

※「就業時間１」に記入する場合は、実態・目安であることを「補足事項」欄（次頁）に明示してください。

・**4.変形労働時間制について**
　特に指定がなければ「就業時間１」に記入する必要はありませんが、「補足事項」欄（次頁）に具体的に記入してください。
　例：「変形労働制により始業は●時〜●時、終業は●時〜●時とし、シフト制で決定する」（一ヶ月単位の場合）

【時間外労働の有無】
・時間外労働の有無を選択してください。
・時間外労働を行わせる場合には、過半数労働組合等との労働基準法第36条に基づく時間外及び休日労働に関する労使協定（３６協定）の締結、労働基準監督署への届出が必要です。
・時間外労働【あり】の場合は、月平均残業時間数を記入して下さい。
・事業場外労働のみなし労働時間制の場合であって、所定労働時間を超えるみなし時間を設定している場合、その時間数を記入して下さい。

【３６協定における特別条項あり】
　特別条項付きの３６協定を締結している場合は**【あり】**を選択し、**「特別な事情・期間等」**欄に特別な事情や延長時間などについて具体的に記入してください。
　例：「○○のとき（特別な事情）は、１日○時間まで、○回を限度として１ヶ月○時間まで、年に○時間できる」

【休日等】
　「週休二日制」欄には、下記の該当する数字に○を記入してください。
　　1.毎週　　**完全**週休二日制を実施している場合
　　2.その他　**それ以外の形態**で週休二日制を実施している場合
　　3.なし　　週休二日制を実施していない場合
　年末年始休暇や夏季休暇など特別休暇がある場合は、「その他」欄に記入してください。

保険・年金・定年等

【企業年金】
事業所登録の内容と異なる場合は、下記のいずれかを記入してください。
1.厚生年金基金
2.確定拠出年金
3.確定給付年金

【入居可能住宅】
入居可能な住宅がある場合に該当する項目「単身用あり」「世帯用あり」、入居可能な住宅がない場合は「なし」を選択してください。なお、利用条件や宿舎費用などの詳細、空きが出れば利用可能な住宅がある場合等は「求人条件にかかる特記事項」欄（次頁）に記入してください。

（３／４）

選考方法

求人数	通勤：　1 人　住込：　0 人　不問：　0 人	
受付期間	(1.)期間　2. 開始日のみ指定　9 月　5 日　～　9 月　11 日	
既卒者等の入社日	1. 日にちを指定　(2.)随時　3. 応募者の相談に応じる　4. 応募　不可 年　月　日	
応募前職場見学	(1.)可　2. 不可 □随時 又は☑補足事項欄参照	複数応募　(1.)可　2. 否 2 年 10 月 1 日 以降
選考方法	☑ 面接　☑ 適性検査　□ その他 その他の選考方法（　○○テスト、△△△試験 学科試験 ☑ 一般常識 □ 国語 □ 数学 □ 英語 □ 社会 □ 理科 □ 作文☑ その他	選考旅費　(1.)あり　2. なし
選考結果通知	（面接選考結果通知：　面接後：　10 日以内）	
選考日	月　日　　9 月　16 日 以降随時	
選考場所 （全角90文字以内）	☑ 事業所所在地と同じ　□ 事業所情報に登録した就業場所名称　□ 選考場所を記入 〒　－ 最寄り駅（　駅）から［ 徒歩・車 ］で（　分）	
赴任旅費の有無	(1.)あり　2. なし	
担当者	課係名、役職名	人事総務課　リーダー
	担当者	厚労　安子
	担当者（カタカナ）	コウロウ　ヤスコ
	電話番号	※事業所登録情報と異なる場合に記入 －　－　内線：
	FAX番号	※事業所登録情報と異なる場合に記入 －　－
	・試用期間3ヶ月	
補足事項 （全角300文字以内）	・試用期間3ヶ月 ・応募前職場見学については、7月20日以降実施予定です。 ・応募前職場見学への参加の有無によって採否を決定するものではありません。	
求人条件にかかる特記事項 （全角300文字以内）	・特別に支払われる手当について 資格手当：当社の定める資格を保有している場合 皆勤手当：欠勤がなかった場合 ・選考旅費は上限50,000まで	
紹介希望安定所	都道府県：　○○　紹介希望安定所：　△△　求人連絡数：　1　人 都道府県：　○○　紹介希望安定所：　△△　求人連絡数：　1　人 都道府県：　紹介希望安定所：　求人連絡数：　人 都道府県：　紹介希望安定所：　求人連絡数：　人 都道府県：　紹介希望安定所：　求人連絡数：　人	
指定校推薦	※学校名及び推薦人員数を記入	
ハローワークへの連絡事項 （全角600文字以内）	※ハローワークへ連絡したい事項がある場合に入力してください。（求人票には表示されません。）	

選考方法

【求人数】

求人者が入居可能住宅を用意しない場合には「通勤」、用意した住宅に入居することを条件とするときは「住込」、雇い入れる労働者の希望があれば用意するときは「不問」に記入してください。

【既卒者等の応募可否・入社日】

高校既卒者の応募の可否を選択してください。
応募可の場合、「既卒者等の入社日」欄に入社日の詳細を記入してください。

【応募前職場見学】

・生徒に応募先選定・確認の機会をできる限り与えるため、積極的な受入れをお願いいたします。
「応募前職場見学」の可否について、「可」を選択した場合には、「随時」又は「補足事項欄参照」を選択し、「補足事項欄参照」を選択した場合には「補足事項」欄に詳細を記入してください。

　なお、**応募前職場見学は、生徒が事前に職業や職場への理解を深め、適切な職業選択や、事前の理解不足による就職後の早期離職の防止を目的として行っていただくものです。このことをご理解いただき、応募前職場見学が求人者の採用選考の場とならないよう十分にご注意ください。**

【選考方法】

選考方法において、その他に選択した場合は、詳細を「その他の選考方法」欄に記入してください。
また、適性検査の具体的な検査名も、「その他の選考方法」欄に記入してください。
※面接や選考試験を複数回実施する場合は、選考の流れを「補足事項」欄に記入してください。

【受付期間】【選考日】

高校生の推薦開始期日は、推薦文書の到達が９月５日（沖縄県については８月30日）以降となっています。
また、選考開始期日は９月16日以降となっています。ご注意ください。

【補足事項】【求人条件にかかる特記事項】

各欄に書ききれなかった内容や応募上の注意事項などを記入してください。
また、新規学卒者の入社日について、４月1日が一般的ですが、異なる場合は、「補足事項」欄に記入してください。
なお、ハローワークが情報を追加する場合がありますので、あらかじめご了承ください。

（4／4）

青少年雇用情報	企業全体※の募集・採用に関する情報	（1）新卒者等採用者数：　前年度：　　　人　2年度前：　　　人　3年度前：　　　人 　　　新卒者等離職者数：　前年度：　　　人　2年度前：　　　人　3年度前：　　　人	
		（2）男性新卒者等採用者数：　前年度：　　　人　2年度前：　　　人　3年度前：　　　人 　　　女性新卒者等採用者数：　前年度：　　　人　2年度前：　　　人　3年度前：　　　人	
		（3）平均勤続勤務年数：　　　　　年　　　　　　従業員の平均年齢：　　　　　歳	
	企業全体※の職業能力の開発及び向上に関する取組の実施状況	（1）研修の有無（全角63文字以内）　　➡　1. あり　2. なし	
		（2）自己啓発支援の有無（全角60文字以内）　　➡　1. あり　2. なし	
		（3）メンター制度の有無　　　1. あり　2. なし	
		（4）キャリアコンサルティング制度の有無（全角60文字以内）　1. あり　2. なし	
		（5）社内検定等の制度の有無（全角60文字以内）　1. あり　2. なし	
	企業全体※の職場への定着の促進に関する取組の実施状況	（1）前事業年度の月平均所定外労働時間：　　　　　時間	
		（2）前事業年度の有給休暇の平均取得日数：　　　　　日	
		（3）前事業年度の育児休業取得者数：　女性　　　人　男性　　　人 　　　前事業年度の出産者数：　女性　　　人　男性の配偶者　　　人	
		（4）女性の役員割合：　　　％　　　女性の管理職割合：　　　％	
	区分毎の情報	区分の名称（　　　　　　　　　）	※求人を行っている採用区分（例：総合職／一般職）、学歴別（大卒／高卒）、事業所別、職種別など。企業の任意の区分で可。
	区分毎の募集・採用に関する情報	（1）新卒者等採用者数：　前年度：　　　人　2年度前：　　　人　3年度前：　　　人 　　　新卒者等離職者数：　前年度：　　　人　2年度前：　　　人　3年度前：　　　人	
		（2）男性新卒者等採用者数：　前年度：　　　人　2年度前：　　　人　3年度前：　　　人 　　　女性新卒者等採用者数：　前年度：　　　人　2年度前：　　　人　3年度前：　　　人	
		（3）平均勤続勤務年数：　　　　　年　　　　　　従業員の平均年齢：　　　　　歳	
	区分毎の職場への定着の促進に関する取組の実施状況	（1）前事業年度の月平均所定外労働時間：　　　　　時間	
		（2）前事業年度の有給休暇の平均取得日数：　　　　　日	
		（3）前事業年度の育児休業取得者数：　女性　　　人　男性　　　人 　　　前事業年度の出産者数：　女性　　　人　男性の配偶者　　　人	

※　グループ会社等別法人の情報は含めません。

前事業年度の月平均所定外労働時間の算出方法

前事業年度の労働者毎の一月あたりの所定外労働時間の平均値を合計した値を、労働者数で除して算出します。（管理的地位にある者については、算出対象から除いて差し支えありません。）

$$前事業年度の月平均所定外労働時間 = \frac{労働者ごとの一月あたりの所定外労働時間の平均値の合計}{前事業年度の労働者数}$$

※月平均所定外労働時間は以下の計算方法で算出しても差し支えありません。

$$前事業年度の月平均所定外労働時間 = \frac{前事業年度の所定外労働時間の合計}{各月1日に在籍している労働者の延べ人数}$$

前事業年度の有給休暇の平均取得日数の算出方法

労働者ごとの年次有給休暇の取得日数を合計した値を、労働者数で除して算出します。（管理的地位にある者、有給休暇が付与されていない者については、算出対象から除いて差し支えありません。）

$$前事業年度の有給休暇の平均取得日数 = \frac{前事業年度の労働者ごとの年次有給休暇の取得日数の合計}{前事業年度の労働者数}$$

情報の範囲

求人区分に応じて、企業全体の正社員又は正社員以外※の情報を提供してください。

※　正社員以外の情報は、期間雇用者やパート、短時間労働者等、いわゆる正社員以外の直接雇用の労働者全てに関する情報としてください。

青少年雇用情報欄

※青少年雇用情報は、可能な限り全ての項目を記入していただくようお願いいたします※

・全ての項目を記入することが難しい場合でも、情報提供の義務にとどまらない積極的な情報提供をお願いします。
（情報提供の義務：「企業全体の募集・採用に関する情報」、「企業全体の職業能力の開発及び向上に関する取組の実施状況」、「企業全体の職場への定着の促進に関する取組の実施状況」の欄において、それぞれで1項目以上）
・数値を算出して記入する項目については、小数点第2位を切り捨て、小数点第1位まで記入してください。
・「企業全体の職業能力の開発及び向上に関する取組の実施状況」については、制度として就業規則や労働協約に規定されていなくても、継続的に実施しており、かつそのことが従業員に周知されていれば「あり」と記入してください。

【新卒者等の採用者数/離職者数】
・新卒者のほか、新卒者と同じ採用枠で採用した既卒者など、新卒者と同等の処遇を行うものを含みます。直近で終了している事業年度を含む3年度間についての状況を記入してください。
・離職者数は、各年度の採用者数のうち、3年度間における離職者数を記入してください。

【平均継続勤務年数】
労働者ごとの雇い入れられてから記入日の時点までに勤続した年数を合計した値を、労働者数で割って算出します。

【従業員の平均年齢】（参考値）
若年雇用促進法に基づく青少年雇用情報の項目ではありませんが、参考値として、記入日時点での平均年齢も可能な限り記入してください。平均勤続勤務年数及び平均年齢は、事業年度末時点、事業年度当初等、求人申込書記入日直近の数値としても構いません。

【研修の有無及びその内容】
具体的な対象者、内容を示してください。全ての研修の内容を書き切れない場合は、主な研修の内容のみ記入してください。

【自己啓発支援の有無及びその内容】
・教育訓練休暇制度、教育訓練短時間勤務制度がある場合は、その情報を含めて記入してください。
他には、配置等についての配慮、始終業時刻の変更、資格取得の費用補助等もこの欄に記入してください。

【メンター制度の有無】
メンター制度とは、新たに雇い入れた新規学卒者等からの職業能力の開発及び向上その他の職業生活に関する相談に応じ、並びに必要な助言その他の援助を行う者を当該新規学卒者等に割り当てる制度のことです。

【キャリアコンサルティング（※1）制度の有無及びその内容】
セルフ・キャリアドック（※2）を実施している場合は、その情報を含めて記入してください。
キャリアコンサルティングを実施する者が企業に雇用されているかどうか、また資格の有無は問いませんが、企業内の仕組みとしてキャリアコンサルティングが実施されていることが必要です。
※1　キャリアコンサルティング
労働者の職業の選択、職業生活設計または職業能力の開発や向上に関する相談に応じ、助言や指導を行う。
※2　セルフ・キャリアドック
労働者が自らのキャリアや身に付けるべき知識・能力等を確認することを通じて主体的なキャリア形成を行うことを支援するため、年齢、就業年数、役職等の節目において定期的にキャリアコンサルティングを受ける機会を設定する仕組み。

【社内検定等の制度の有無及びその内容】
労働者に対し、企業が実施する職業に必要な知識・技能に関する検定制度の有無、内容を記入してください。自ら実施する社内検定のほか、業界団体が実施する検定を活用する場合も含みます。

【前事業年度の月平均所定外労働時間・有給休暇の平均取得日数】
算出方法は左記をご覧ください。

【前事業年度の育児休業取得者数／出産者数】
・育児休業取得者数及び出産者数について、いずれも記載してください。
・男性については、配偶者の出産者数を記載してください。

【役員及び管理的地位にある者に占める女性の割合】
求人区分に関わらず、企業全体に雇用される全ての労働者に関する情報としてください。
※「管理的地位にある者」とは、原則としていわゆる課長級以上が該当します。

【区分毎の情報】（本求人に対する追加の情報提供）
・企業全体の情報のほか、求人申込みを行っている採用区分（例：総合職／一般職）、学歴別（大卒／高卒）や事業所別、職種別などの情報についても、追加情報として極力記入してください。
※追加の情報については、貴社の任意の区分の情報で構いません。

【記載する情報についての留意事項】
・「企業（⇔区分毎）」の情報については、求人事業所を含めた企業全体の情報を記載してください。
・グループ会社等別法人の情報は含めません。
・海外支店等に勤務している労働者については除外した情報としてください。
・原則として、求人申込書の記入日時点の最新の状況について記載してください。

②　求人票の交付［7月1日以降］

　確認印が押印された求人票（P55〜56参照）の写しを募集を希望する高校へ送付または持参して推薦を依頼します。インターネット上での公開を希望した求人については、「高卒就職情報WEB提供サービス（厚生労働省）」に公開されます。

〈「求人申込書（高卒）」例〉

東京都労働局「'23新卒者募集のために」より

求人票（高卒）

求人番号		受付年月日 令和2年1月23日 受付安定所　○○公共職業安定所	事業所番号	
13070-　8309		求人票（高卒）	1307-940621-1	

※インターネットによる全国の高校への公開　可

※応募にあたって送付する書類は「統一応募書類」に限られています。　　(1/2)

1　会社の情報

事業所名	カスミガセキデンシコウギョウ　カブシキガイシャ 霞ヶ関電子興業　株式会社	従業員数	企業全体 105人	就業場所 105人	（うち女性） 42人	（うちパート） 6人
		設立　昭和56年		資本金　10億円		
所在地	〒100-0000 東京都千代田区○○○1－×－×	事業内容	自動車電子部品の製造・販売 世界的に普及している「エコカー」に欠かせない部品を自動車メーカーに提供しています。			
	○○線△△駅　から　徒歩10分	会社の特長	国内6拠点展開。9年連続『シェアNo.1』を誇る業界のリーディングカンパニー。ノー残業デイの導入により残業縮減を図っています			
代表者名	代表取締役　　　　　霞ヶ関　一					
法人番号	2019102915125	ホームページ　http://www.kasumigasekidensikougyou.go.jp/				

2　仕事の情報

雇用形態	正社員	就業形態	派遣・請負ではない	営業（自動車用の電子部品）		求人数	通勤 1人	住込 0人	不問 0人
仕事の内容	自社で製造している電子部品（主に自動車用部品）の法人向け営業 ・受注計画に基づき新製品開発に合わせた製品の提案・見積り ・受注から納品までのフォロー・代金回収等 ※顧客は、主に国内の自動車メーカー（関東・東海地域）です。 ※既存顧客へのルート営業が中心です。 ※目標はありますが、ノルマはありません。 ※入社後は、集合研修・現場OJTにより、必要な知識・スキルを学べます。			技能等必要な知識・科目	不問				
就業場所	雇用期間の定めなし			契約更新の可能性					
	事業所所在地と同じ			マイカー通勤　可		転勤の可能性　あり			
	〒100-0000 東京都千代田区○○○1－×－×			試用期間　あり　労働条件　同条件					
	○○線△△駅　から　徒歩10分			受動喫煙対策　あり（喫煙室設置） ［喫煙できる部屋がある］					

3　労働条件等

福利厚生等	加入保険等	健康　厚生　財形　 厚生年金基金　確定拠出年金　確定給付年金 企業年金共済　未加入	入居可能住宅	単身用　あり 世帯用　なし	通学	可	賃金締切日　月末	その他
		退職金制度　あり（勤続3年以上）	労働組合	あり			賃金支払日　翌月　25日	その他
		定年制　あり（一律　65歳）					賃金形態等　月給	その他
		再雇用制度　あり（上限　70歳まで） 勤務延長　なし	育児休業取得実績	あり	介護休業取得実績	あり	看護休暇　該当者なし	就業規則　フルタイム　あり パートタイム　あり

賃金等（現行・月額）賃金	基本給（a）	165,000円	月額（a+b+c）　211,000円					月平均労働日数 19.8日
	固定残業代（c）あり	16,000円	※この金額から所得税・社会保険料等が控除されます					
	固定残業代に関する特記事項		定額的に支払われる手当（b）			特別に支払われる手当		
	時間外手当は、時間外労働時間の有無にかかわらず、固定残業代として支給し、10時間を超える時間外労働は追加で支給。		営業　手当　30,000円 手当　　円 手当　　円			資格　手当　10,000円 勤勉　手当　5,000円 手当　　円 手当　　円		
	通勤手当　実費支給（上限あり） 月額　50,000円まで		賞与	賞与（新規学卒者の前年度実績） あり　年1回　　万円 ～ 　　万円　又は　2.00ヶ月分			就業時間	(1)　9時00分～18時00分 (2)　　～ (3)　　～
	昇給　昇給あり（昇給の前年度実績） 2,500円　又は　　　%			賞与（一般労働者の前年度実績） あり　年2回　　万円 ～ 　　万円　又は　4.50ヶ月分				

時間外	時間外　あり	36協定における特別条項　なし					受理・確認印
	月平均　10時間	特別な事情・期間等					

休日等	休日　土日祝　その他	週休二日制　　毎週	その他の休日	年末年始（12／29～1／3） 夏季休暇（7月～9月に3日間） 誕生日休暇（年1回）	受理・確認印
	入社時の有給休暇日数　　0日	年間休日数　127日		その他特別休暇あり （慶弔、結婚、育児参加など）	
	6ヶ月経過後の有給休暇日数　10日	休憩時間　60分			

学校への訪問・配布に関する注意事項　ハローワークより：学校への訪問・配布にあたっては、ハローワークの確認印を受けたものを使用してください。

55

求人番号		受付年月日 令和2年1月23日 受付安定所　○○公共職業安定所		事業所番号	
13070- 8309		求人票（高卒）		1307-940621-1	

事業所名　霞ヶ関電子興業　株式会社

※求人票にあたって掲載する職種は「統一応募様式」に準じられています。　　　（2／2）

4　選考

応募・選考	受付期間	9月5日　～ 9月11日	選考日	9月16日 以降随時	現職応募	可 （令和2年10月1日以降）	選考結果	両接選考結果通知 面接後 7日以内
	既卒の応募	既卒応募　可 （卒業後概ね 3年以内） 高校中退者応募　可	入社日	（既卒者等の入社日） 随時	（赴任旅費） あり	応募前職場見学	可	補足事項採用書類
						選考方法	面接　適性検査　その他	○○テスト、△△試験
	選考場所	〒 100-0000 東京都千代田区○○○1−×−× ○○線△△駅　から　徒歩10分					学科試験	一般常識　国語　数学　英語 社会　理科　作文　その他
							（選考旅費）　あり・なし	
	担当者	課係名 役職名　人事総務課　リーダー				氏名	ツクロウ　ヤスコ 厚労　安子	
		電話番号　99-9999-9876　内線 [　　]				FAX	99-9999-9870	
		Eメール						

5　補足事項・特記事項

補足事項	・試用期間：3ヶ月 ・応募前職場見学については、7月20日以降実施予定です。 ・応募前職場見学への参加の有無によって採否を決定するものではありません。	かかる条件に特記事項	・特別に支払われる手当について 　資格手当：当社の定める資格を保有している場合 　皆勤手当：欠勤がなかった場合 ・選考旅費は上限50000円まで

■■■青少年雇用情報■■■

1　募集・採用に関する情報

		企業全体の情報				高卒の情報			
		新卒等採用者数	（うち男性）	（うち女性）	新卒等離職者数	新卒等採用者数	（うち男性）	（うち女性）	新卒等離職者数
(1)	平成30年度	10 人	6 人	4 人	1 人	4 人	2 人	2 人	0 人
	平成29年度	11 人	7 人	4 人	2 人	3 人	1 人	2 人	0 人
	平成28年度	9 人	5 人	1 人	4 人	3 人	2 人	1 人	1 人
(2)	平均勤続勤務年数　従業員の平均年齢（参考値）	18.5 年	41.7 歳					29.7 年	40.2 歳

2　職業能力の開発及び向上に関する取組の実施状況

(1)	研修の有無及びその内容	あり	新入社員研修（入社後2週間）※その後理場OJTあり（半年間）、英語講習（通信付）、簿記検定講座（社内講座）、管理職研修
(2)	自己啓発支援の有無及びその内容	あり	職務に資するものとして会社が認めた資格について取得費用の金額補償
(3)	メンター制度の有無	あり	
(4)	キャリアコンサルティング制度の有無及びその内容	あり	入社直後、入社3年目等の節目に人事担当者によるキャリア等に関する相談を実施
(5)	社内検定等の制度の有無及びその内容	あり	霞ヶ関電子興業社内検定

3　職場への定着の促進に関する取組の実施状況

		企業全体の情報		高卒の情報	
(1)	前事業年度の 月平均所定外労働時間／有給休暇の平均取得日数	15.5 時間	10.7 日	5.8 時間	12.8 日
(2)	前事業年度の 育児休業取得者数／出産者数　※1	取得者数　女性　9 人　男性　2 人		女性　3 人　男性　1 人	
		出産者数　女性　12 人　男性　10 人		女性　5 人　男性　4 人	
(3)	役員及び管理的地位にある者に占める女性の割合　※2	役員　22.1 %　管理職　30.5 %			

※1 については、男性は配偶者の出産者数を示しています。　※2 については、雇用形態に関わらず企業全体における割合を示しています。

産業分類	311　自動車・同付属品製造業	職業分類	584-02	就業場所住所	東京都千代田区
雇用保険適用事業所番号				識別欄	

求人条件に関する注意事項　ハローワークより：求人票は雇用契約書ではありません。採用時には必ず、書面により労働条件の明示を受けてください。

③　応募書類の到達［9月5日以降］

　応募者がいる高校から応募書類（全国高等学校統一用紙（履歴書・調査書）（P58〜61参照））が届きます。受け付け次第、選考日程を高校・応募者に連絡します。なお、応募者に対して全国高等学校統一用紙以外の用紙の提出を求めることはできません。

履　歴　書

令和　　年　月　　日現在

					写真をはる位置
ふりがな				性別	(30×40mm)
氏　名					
生年月日	昭和・平成　　年　　月　　日生（満　　歳）				
ふりがな					
現住所	〒				
ふりがな					
連絡先	〒				

（連絡先欄は現住所以外に連絡を希望する場合のみ記入すること）

学歴・職歴	平成令和　　年　　月		高等学校入学
	平成令和　　年　　月		
	平成令和　　年　　月		
	平成令和　　年　　月		
	平成令和　　年　　月		
	平成令和　　年　　月		

（職歴にはいわゆるアルバイトは含まない）

58

（応募書類　その1）

資格等	取得年月	資格等の名称	
趣味・特技		校内外の諸活動	
志望の動機			
備考			

全国高等学校統一用紙（文部科学省、厚生労働省、全国高等学校長協会の協議により平成17年度改定）

調　査　書

ふりがな			性別	現住所	
氏名	昭和・平成　　年　　月　　日生				
学校名				在学期間	平成 令和　　年　月　　　入学 　　　　　　　（第　学年）編入学・転入学
課程名	全・定・通	学科名	科		平成 令和　　年　月　卒業 ・ 卒業見込

学　習　の　記　録												
教科・科目		評　定				教科・科目		評　定				
教科	科　　目	1年	2年	3年	4年	教科	科　　目	1年	2年	3年	4年

	修得単位数			
	1年	2年	3年	4年
総合的な学習の時間				
留　学				

特別活動の記録		出席状況	欠席日数	1年	2年	3年	4年
			欠席の主な理由				

身　体　状　況						検査日・平成 令和　　年　　月	
身長	cm	視力	右　（　　）	聴力	右	備考	
体重	kg		左　（　　）		左		

（視力欄にA～Dが記入されている場合、A：1.0以上、B：1.0未満0.7以上、C：0.7未満0.3以上、D：0.3未満を表す）

本人の長所・推薦事由等	
記　載　者	印

上記の記載事項に誤りのないことを証明します。
　　　令和　　年　　月　　日
　　　（所在地）〒
　　　（学校名）
　　　（電話番号）
　　　（校長名）　　　　　　　　　　　　　　　　　　印

全国高等学校統一用紙（文部科学省、厚生労働省、全国高等学校長協会の協議により平成17年度改定）

④　採用選考・結果通知［9月16日以降］

　選考後、採否は速やかに決定し、高校および高校を通じて本人に通知する必要があります。高校生の場合は、学生と異なり就職活動の機会が限られていることもあり、不採用通知が遅れることで生徒が他社へ応募する機会が失われる恐れがあるため、極力7日以内に通知することとされています。また、内定状況は、求人が全て充足するまで「新規高卒者採用内定状況報告書」により事業所を管轄するハローワークへ毎月報告する必要があります。

　なお、高校新卒者の採用選考は、書類のみによる選考は行うことができません。面接や適性検査等を実施の上で採否を決定する必要があります。

(3) 青少年雇用情報の提供（若年者雇用促進法第13条第1項、第14条第1項）

　若年者雇用促進法では、新卒者等であることを条件とした募集・求人申し込みを行う場合には、新卒者等に対し青少年雇用情報の提供について努力義務が課されています。なお、「新卒者等」の範囲は次のとおりとなっています。

① 学校（小学校および幼稚園を除く）、専修学校、各種学校、外国の教育施設に在学する者で、卒業することが見込まれる者

② 公共職業能力開発施設や職業能力開発総合大学校の職業訓練を受ける者で、修了することが見込まれる者

③ 上記①、②の卒業者および修了者

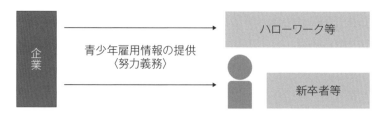

　また、応募者等や、求人申込みをしたハローワーク、特定地方公共団体や職業紹介事業者（職業紹介事業者としての学校を含む）または求人の紹介を受けた者等から求めがあった場合は、青少年雇用情報の情報提供項目（ア）〜（ウ）の３類型それぞれについて１つ以上の情報提供の義務が課されています（若年者雇用促進法第13条２項、第14条２項）。なお、情報提供の求めを行うことができるのは、当該募集・求人の対象となっている者に限ります。

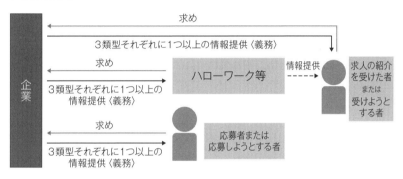

① 情報提供項目（若年者雇用促進法施行規則第３条）

（ア）募集・採用に関する状況	過去３年間の新卒採用者数・離職者数
	過去３年間の新卒採用者数の男女別人数
	平均勤続年数
（イ）職業能力の開発・向上に関する状況[5]	研修の有無および内容（具体的な対象者や内容）
	自己啓発支援の有無および内容
	メンター制度の有無
	キャリアコンサルティング制度の有無および内容
	社内検定等の制度の有無および内容[6]

5　制度として就業規則等に規定されているものでなくても、継続的に実施していて、そのことが従業員に周知されていれば「有」として構いません。

6　業界団体等が実施する検定を活用する場合も「有」として構いません。

（ウ）企業における雇用管理に関する状況	前年度の月平均所定外労働時間の実績
	前年度の有給休暇の平均取得日数
	前年度の育児休業取得対象者数・取得者数（男女別）
	役員に占める女性の割合および管理的地位にある者に占める女性の割合

② 情報提供における留意事項（「'23 新卒者募集のために」東京労働局）

- ●企業全体の雇用形態別[7]の情報を提供してください。また、採用区分や事業所別などの詳細情報についても、追加情報として提供することが望まれます。
- ●企業グループ全体として募集・求人申込みを行い、グループ傘下の各企業に配属する採用形態の場合は、配属の可能性のある企業それぞれについての情報を提供してください。
- ●海外支店等に勤務している労働者については除外した情報としてください。
- ●最新の情報を提供してください。

③ 情報提供の方法（若年者雇用促進法施行規則第4条第1項、第4条第3項、第5条第1項、第5条第3項）

以下の方法により情報提供を行う必要があります。

（ア）ホームページでの公表、会社説明会での提供、求人票への記載などによる、自主的・積極的な情報提供（ホームページに掲載して

7　いわゆる正社員として募集・求人申込みを行う場合は、正社員である労働者に関する情報を提供してください。また、期間雇用者や派遣労働者等、いわゆる正社員以外の雇用形態で募集・求人申込みを行う場合は、正社員以外の直接雇用の労働者全てに関する情報を提供してください。（ウ）の「役員に占める女性の割合および管理的地位にある者に占める女性の割合」については、募集・求人申込みを行う雇用形態に関わらず、企業に雇用される全ての労働者に関する情報としてください。

いる場合は、情報そのものの提供に代えて、掲載箇所を示すこと
でも可）

　（イ）応募者等から個別の求めがあった場合は、メールまたは書面によ
る情報提供

④ 情報提供が義務となる「求め」とは（若年者雇用促進法施行規則第4
条第2項、第5条第2項）

●応募者や応募しようとする者の場合

　応募者や応募しようとする者が、メールまたは書面等により以下の事項
を企業に対して伝えることで「求め」となります。なお、説明会や面接等
のほか、事前に企業へ提出している履歴書等により本人確認を行うことが
できる場合等においては、口頭（電話も含む）により情報提供の求めを行
うこともできます。この場合は、企業からの情報提供についても口頭によ
り行うことができます。

　（ア）氏名

　（イ）連絡先（住所またはメールアドレス）

　（ウ）所属学校名、在学年または卒業年月

　（エ）情報提供を希望する旨

　したがって、就職情報サイト経由や企業の採用ホームページ等で、いわ
ゆるプレエントリー（正式な応募の前段階において、採用情報の提供や資
料請求を目的として、特定の企業に対して氏名、学校名、連絡先等を登録
すること）をした場合も「求め」となります。

●ハローワーク、特定地方公共団体や職業紹介事業者の場合

　ハローワーク、特定地方公共団体や職業紹介事業者（学校を含む）は、
前記（エ）のみを求人者に伝えることで「求め」となります。

3　採用選考前の各プロセス

（1）会社説明会

　近年の企業の新卒採用状況は厳しさを増しており、学生優位の状況が続いています。学生1人のプレエントリー社数平均は30社を超え、平均内定獲得企業数も約2.5社となる一方で、採用計画に対して採用目標数が充足できた企業は約4割にとどまったことが報告されています[8]。

　普段、ユーザーという立場で接点のある企業や広告で目にする大企業には馴染みがあるものの、学生にとって認知度が低いとされるBtoB型の企業や中小企業にとっては、新卒の採用計画を充足させることは容易ではないでしょう。

　まず、学生に会社を知ってもらい、そしてエントリーに結び付ける第一歩として位置づけられるのが会社説明会といえます。

① 会社説明会の種類と特徴

会社説明会の種類	特徴
合同会社説明会	就職情報会社、イベント会社、業界団体のほか地方公共団体やハローワークが主催。 認知度が低い企業でも一度に大人数の学生と接触できるチャンスがある反面、地域や会場、時期によっては多額の参加費用がかかり会場設備の制約や企画の自由度も少ない。また、他の企業も多数参加しており、ブースへの呼び込みの工夫や短時間で印象に残りやすいプレゼンテーションが必須となる。
大学内合同会社説明会	大学の就職支援部門などが主催し、大学構内や外部会場で開催。 参加費用が無料の場合も多い。定期的な当該大学卒業生の採用実績があれば、学生の親近感にも繋がりやすい。 学部やキャンパスごとに開催されるケースも多く、企業が求める人材と参加学生の専門性をマッチさせやすい

8　「就職白書　2023」（リクルート　就職みらい研究所）参考

	が、その分接触できる学生は少なくなる。
企業単独の会社説明会	企業単独またはグループ企業合同で開催。自社内で行うことができるため職場見学会などを併せて実施したり、合同説明会と異なり2時間程度をかけた自由度の高いプログラムとすることも可能なため印象に残りやすい。しかし、学生が全く知らない企業単独の会社説明会に参加することはないため、告知方法と集客が課題となる。

② オンライン型会社説明会

　近年は、上記いずれの会社説明会もオンライン参加が可能なものが主流になりつつあります。いうまでもなく、企業にとってはコストが抑えられ、学生にとっても会場への移動時間や交通費を削減できるため魅力的ではあるものの、対面ならではの会社や従業員の雰囲気を伝えることは難しいかもしれません。オンライン型の会社説明会の普及によって、学生の会社説明会の参加社数は増加しており、企業にとっては画面上で他社との差別化を図る工夫がますます求められることになってきています。

　オンライン型の会社説明会には、いつでも視聴可能な動画配信型や、リアルタイムでのライブ参加型があります。時間帯の制約がない動画配信型は学生にとって利便性が高いものの、情報が一方通行にならざるを得ず、コンパクトで視覚的に魅力ある情報が伝わる動画作成が必要となります。

　一方、ライブ参加型の場合は、双方向のコミュニケーションが可能です。リアルタイムならではの座談会形式や質疑応答等を取り入れることで印象に残りやすくする工夫が必要でしょう。

（2）インターンシップ

　従来、インターンシップとは、「学生が在学中に自らの専攻、将来のキャリアに関連した就業体験を行うこと」（文部科学省・厚生労働省・経済産業省「インターンシップの推進に当たっての基本的考え方」平成27年12月

10日一部改正）としてとらえられ、学生のキャリア形成支援を目的とした活動として、採用選考活動とは一線を画すものと位置付けられていました。

　しかし、実際には早期に有利に採用活動を進めたい企業と学生の思惑から、学生の採用活動の日程以前に参加者を対象とした早期選考やエントリーの案内が行われるなど、実質的な選考活動が含まれるインターンシップと称するプログラムが広く行われていたのが実情です。

① インターンシップ等の類型化

　これらを踏まえ2022年6月に、前記の基本的考え方は、「インターンシップを始めとする学生のキャリア形成支援に係る取組みの推進に当たっての基本的考え方」として改正されました。

　2023年度以降、これまで広くインターンシップと称して行われてきたプログラムを4つに類型化し、このうちタイプ3およびタイプ4のみが「インターンシップ」に該当することとされました。タイプ1およびタイプ2については「インターンシップ」という名称を用いることができなくなったため注意が必要となります。

●キャリア形成支援に係る4類型の特徴[9]（以下、これら4タイプを「インターンシップ等」という）

類型	取組みの性質	主な特徴
タイプ1：オープンカンパニー	個社・業界の情報提供・PR	●主に、企業・就職情報会社や大学キャリアセンターが主催するイベント・説明会を想定 ●学生の参加機関（所要日数）は「超短期（短日）」。就業体験は「なし」 ●実施時期は、時間帯やオンラインの活用など学業両立に配慮し、「学士・修士・博士課程の全期間（年次不問）」 ●取得した学生情報の採用活動への活用は「不可」

9　採用と大学教育の未来に関する産学協議会　2021年度報告書「産学協働による自律的なキャリア形成の推進」2022年4月18日

タイプ2：キャリア教育	教育	●主に、企業がCSRとして実施するプログラムや、大学が主導する授業・産学協働プログラム（正課・正課外を問わない）を想定 ●実施時期は、「学士・修士・博士課程の全期間（年次不問）」。ただし、企業主催の場合は、時間帯やオンラインの活用など、学業両立に配慮 ●就業体験は「任意」 ●取得した学生情報の採用活動は「不可」
タイプ3：汎用的能力・専門活用型インターンシップ	就業体験・自らの能力の見極め・評価材料の取得	●主に企業単独、大学が企業あるいは地域コンソーシアムと連携して実施する、適正・汎用的能力ないし専門性を重視したプログラムを想定 ●学生の参加機関（所要日数）について、汎用的能力活用型は短期（5日間以上）、専門活用型は長期（2週間以上）★ ●就業体験は「必ず行う（必須）」。学生の参加期間の半分を超える日数を職場で就業体験★ ●実施場所は、「職場（職場以外との組み合わせも可）」（テレワークが常態化している場合、テレワークを含む）★ ●実施時期は、「学部3年・4年ないしは修士1年・2年の長期休暇期間（夏休み、冬休み、入試休み、春休み）」「大学正課および博士課程は、上記に限定されない」★ ●無給が基本。ただし、実態として社員と同じ業務・働き方となる場合は、労働関係法令の適用を受け、有給 ●就業体験を行うにあたり、「職場の社員が学生を指導し、インターンシップ終了後にフィードバック」★ ●募集要項等において、必要な情報開示を行う★ ●取得した学生情報の採用活動への活用は、「採用活動開始以降に限り、可」 ●★の基準を満たすインターンシップは、実施主体（企業または大学）が基準に準拠している旨宣言したうえで、募集要項に産学協議会基準準拠マークを記載可
タイプ4（試行）：高度専門型インターン	就業体験・実践力の向上・評価材料の取得	●該当する「ジョブ型研究インターンシップ」「高度な専門性を重視した修士課程学生向けインターンシップ」は、大学と企業が連携して実施するプログラム（検討中） ●就業体験は「必ず行う（必須）」

シップ ※大学院 生向け	●取得した学生情報の採用活動への活用は、「採用活動開始以降に限り、可」

※タイプ3の基準に準拠したインターシップの要件

> ア　就業体験要件
>
> 　必ず就業体験を行う。インターンシップ実施期間の半分を超える日数を職場での就業体験にあてる（※テレワークが常態化している場合、テレワークを含む）。
>
> イ　指導要件
>
> 　就業体験では、職場の社員が学生を指導し、インターンシップ終了後、学生に対しフィードバックを行う。
>
> ウ　実施期間要件
>
> 　インターンシップの実施期間は、汎用的能力活用型では5日間以上、専門能力活用型では2週間以上。
>
> エ　実施時期要件
>
> 　学業との両立に配慮する観点から、大学の正課および博士課程を除き、学部3年・4年ないし修士1年・2年の長期休暇期間（夏休み、冬休み、入試休み・春休み）に実施する。
>
> オ　情報開示要件
>
> 　募集要項等に、以下の項目に関する情報を記載し、HP等で公表する。
>
> ⅰ．プログラムの趣旨（目的）
>
> ⅱ．実施時期・期間、場所、募集人数、選抜方法、無給／有給等
>
> ⅲ．就業体験の内容（受入れ職場に関する情報を含む）
>
> ⅳ．就業体験を行う際に必要な（求められる）能力
>
> ⅴ．インターンシップにおけるフィードバック
>
> ⅵ．採用活動開始以降に限り、インターンシップを通じて取得した学

第2章　新卒採用

生情報を活用する旨（活用内容の記載は任意）

- vii. 当該年度のインターンシップ実施計画（時期・回数・規模等）
- viii. インターンシップ実施にかかる実績概要（過去2～3年程度）
- ix. 採用選考活動等の実績概要　※企業による公表のみ

② インターンシップ等で取得した学生情報の利用

　1（1）で述べたとおり、2024年度（2025年3月）卒業・修了予定の学生の採用活動の日程については、政府から経済団体等への要請という形で以下の日程が示されています。

- ●広報活動開始　　　：卒業・修了年度に入る直前の3月1日以降
- ●採用選考活動開始　：卒業・修了年度の6月1日以降
- ●正式な内定日　　　：卒業・終了年度の10月1日以降

　繰り返しになりますが、インターンシップ等は、学生のキャリア形成支援を目的とした活動と位置付けられています。したがって、卒業・修了前年度の2月以前に行われるインターンシップ等は採用を目的とした広報活動や採用選考活動を、卒業・修了年度の6月1日より前に行われるインターンシップ等は採用選考活動の趣旨を含んだものとは異なることになります。

　つまり、これらの採用活動開始日より前の期間に行われたインターンシップ等で取得した学生情報は、広報活動・採用選考活動を目的として収集した個人情報にはあたらないため、これを広報活動・採用選考活動に利用することはできず、学生はインターンシップ等に参加した企業の採用選考に応募する場合には、あらためてエントリーを行うことで個人情報を提供する必要があります。

●インターンシップ等で取得した学生情報の広報活動・採用選考活動における取扱い（2023年度（2024年3月）卒業・修了予定者まで）

インターンシップ等の開始時期	インターンシップ等で取得した学生情報の利用の取扱い
卒業・修了前年次2月末まで	広報活動・採用選考活動に利用できない。
卒業・修了前年次3月〜卒業・修了年次5月末まで（広報活動開始時期「後」かつ採用選考活動開始時期「前」）	原則は広報活動・採用選考活動に利用できないが、あらかじめ広報活動・採用選考活動の趣旨を含むことを明示して行われたインターンシップ等の場合は、広報活動に利用できる。
卒業・修了年次6月以降（採用選考活動開始時期「後」）	原則は広報活動・採用選考活動に利用できないが、あらかじめ広報活動・採用選考活動の趣旨を含むことを明示して行われたインターンシップ等の場合は、採用選考活動に利用できる。

　しかし、インターンシップ等は採用選考活動ではないとはいえ、現在のルールでは大学3年生の3月より前の時期にインターンシップ等を行っても、そこで得た学生情報を広報活動・採用選考活動に活用することができませんでした。これについては、2022年6月に改正が行われ、一定の要件を満たすことで2024年度（2025年3月）以降の卒業・修了予定者について、採用活動開始日より前に行われたインターンシップで取得した学生情報を広報・採用選考活動に利用できることとなりました。

●インターンシップ等で取得した学生情報の広報活動・採用選考活動における取扱い（2024年度（2025年3月）以降の卒業・修了予定者）

インターンシップ等の開始時期	インターンシップ等で取得した学生情報の利用の取扱い
卒業・修了前年次2月末まで	原則は広報活動・採用選考活動に利用できないが、タイプ3のインターンシップに限り、あらかじめ広報活動・採用選考活動の趣旨を含むことを明示して行われたインターンシップの場合は、3月以

	降は広報活動に、6月以降は採用選考活動に利用できる。
卒業・修了前年次3月〜卒業・修了年次5月末まで（広報活動開始時期「後」かつ採用選考活動開始時期「前」）	原則は広報活動・採用選考活動に利用できないが、あらかじめ広報活動・採用選考活動の趣旨を含むことを明示して行われたインターンシップ等の場合は、広報活動に利用できる。また、タイプ3のインターンシップに限り、6月以降は採用選考活動に利用できる。
卒業・修了年次6月以降（採用選考活動開始時期「後」）	原則は広報活動・採用選考活動に利用できないが、あらかじめ広報活動・採用選考活動の趣旨を含むことを明示して行われたインターンシップ等の場合は、採用選考活動に利用できる。

③ インターンシップ等参加学生の労働者性

　インターンシップ等に参加する学生の取扱いで悩ましい点としてあげられるのが、参加学生は「労働者」か否かという点です。キャリア形成を目的とした教育や職場体験にとどまる内容であれば、労働者には該当しませんが、受入企業と学生との間に使用従属関係が認められる場合には、労働者として労働関係法令が適用されることとなり、賃金の支払いや労働時間に関する規制、労働保険の適用などの必要が生じることになります。労働者性の判断基準は、形式的な契約形式にかかわらず、使用従属性について次の事項をもとに判断することになります（「労働基準法の『労働者』の判断基準について」昭和60.12.19労働基準法研究会報告）。

● 「使用従属性」に関する判断基準

ア　「指揮監督下の労働」に関する判断

● 仕事の依頼、業務従事の指示等に対する許諾の自由の有無

● 業務遂行上の指揮監督の有無

● 勤務場所・勤務時間の拘束性の有無

● 労務提供の代替性の有無（指揮監督関係の判断補強要素）

イ　報酬の労務対償性に関する判断

※上記ア、イの明確性を欠き判断が困難な限界事例についての補強要素

● 事業者性の有無

● 専属性の程度

● その他（選考過程、給与所得としての源泉徴収の有無、労働保険の適用、服務規律の適用、退職金制度・福利厚生の適用等）

　インターンシップ等参加者の労働性の判断にあたっては、「一般に、インターンシップにおいての実習が、見学や体験的なものであり使用者から業務に係る指揮命令を受けていると解されないなど使用従属関係が認められない場合には、労働基準法第9条に規定される労働者に該当しないものであるが、直接生産活動に従事するなど当該作業による利益・効果が当該事業場に帰属し、かつ、事業場と学生との間に使用従属関係が認められる場合には、当該学生は労働者に該当するものと考えられ、また、この判断は、個々の実態に即して行う必要がある。」（平成9.9.18基発636号）とされています。

　また、商船大学および商船高等専門学校の実習生の労働者性について示した通達（昭和57.2.19基発121号）では、大学等が民間の事業場に委託して行う工場実習について、①教育課程の一環として国家試験の受験資格に必要な乗船履歴を取得させるために行われる、②大学等が実習内容に関する規程を定め、これに従って行われている、③大学等から指導を委嘱された者の指導の下に行われている、④現場実習は一般労働者と明確に区別された場所で行われ、生産ラインで行われる場合も直接生産活動に従事しない、⑤大学等において勤怠の把握管理が行われている、⑥実習規律は委託先事業所の諸規則が準用されるが制裁は課されない、⑦委託先事業所から手当や交通費等が支給されているが実費補助的ないし恩恵的な給付である、といった状況をもって、実習生は労働者ではないと判断しました。

　いずれにしても、労働者性の判断は、形式的なものではなく、個々の実態に応じて行われるものであるため、学生の受入れにあたって、企業はま

ず、学生を労働者として受け入れるのか否か方針を明確にし、その上でプログラムの検討と、受入れ職場への注意喚起を行う必要があります。

Q2 インターンシップに参加していた学生が、職場体験中にケガを負ってしまったが…

インターンシップに参加していた学生が、職場体験中に大ケガを負ってしまいました。この場合、労災保険から保険給付を受けることができるでしょうか。

A2 労災保険は、労働基準法に規定された労働者に対する業務上の負傷、疾病、障害、死亡といった災害補償義務に対して、補償が確実に行われるために保険制度化したものであり、適用される労働者は労働基準法に規定された労働者となります。

したがって、今般被災した学生が、前述したように貴社との使用従属関係が認められるため労働者に該当する場合には、他の労働者と同様に業務と傷病との間に一定の因果関係が認められればインターンシップ中のケガであっても業務災害として労災保険の給付を受けることができます。

反対に、プログラムが職場体験にとどまる等、労働者に該当しないと判断される場合には、労災保険の給付を受けることができませんが、代わりに学生が加入する健康保険から給付を受けることができます。

実務上、このような事態に備えて、企業や学生が加入できる民間の傷害保険への加入を検討することも必要でしょう。

なお、大学等の教育課程の一環として行われるインターンシップ等で、学生教育研究災害傷害保険に加入している学生

の場合は、こちらから給付を受けられる場合があります。

Q3 インターンシップ受入れにあたって情報漏洩が
懸念されるが…

インターンシップで学生を受け入れることになりました。それなりの知名度と独自の技術・ノウハウのある企業だと認識しています。実際に職場で学生を受け入れるとなると、部外者では知り得ない企業秘密にも少なからず触れることになり、情報漏洩が懸念されますが、学生にこれらの責任を負わせることができるのでしょうか。

A3 自社の従業員であれば、企業秘密や個人情報の取扱いについてルール化されており、違反した場合の制裁についても就業規則において規定されていると思われますが、短期間のいわば部外者である学生に対して、受入れに際して従業員と同等に情報管理の教育を行うには無理があり、また違反した場合に制裁を課すこともできません。しかし、外部の学生であったとしても、故意や過失によって企業秘密を流出させ、それにより損害が生じた場合には学生が賠償責任を負うことには変わりはありません。

これらの事態に備え、あらかじめ企業秘密・個人情報の取扱いについての誓約書を学生に提出させることで秘密保持義務を再認識させることは必要でしょう。また、他の外部者と同様の入退館管理や立ち入り場所・使用する端末のアクセス制限を行うと同時に、場合によっては情報通信機器の持ち込みを規制することも検討すべきかもしれません。

　　もっとも、インターンシップによって就業体験の場を提供
　することが主目的であることからすれば、必ずしも企業に
　とって重要な秘密情報に触れさせなくとも目的は果たされる
　とも考えられます。あまりに制約ばかりでも学生にとってマ
　イナスイメージが強くなってしまうため、漏洩が懸念される
　情報に触れる機会を必要最小限に留める工夫が必要でしょう。
　　なお、万一これらの事故によって損害が生じたとしても、
　学生が企業の損害を賠償することは事実上困難であると思わ
　れます。これらの損害に対応する保険もあるため、加入を検
　討する必要があるかもしれません。

(3) OB・OG訪問

　学生が志望する企業を決定するうえで、OB・OG訪問は広く行われて
います。「OB・OG」とはいえ必ずしも学生が在籍している大学の卒業生
だけではなく、志望する企業や同業界で働く社会人全般が含まれることが
多いようです。知り合いの大学の先輩や知人の紹介をはじめ、大学の就職
課で登録された卒業生、ゼミや研究室の卒業生を紹介されるケース、企業
に直接紹介を依頼したり、参加した会社説明会・インターンシップ等から
企業に社員を紹介してもらうケースなど、そのルートは多岐にわたります。
また、近年ではOB・OG訪問専用のマッチングアプリも登場し、手軽に
大人数のOB・OG訪問を行うことも可能になっています。

　学生にとっては、業界や企業研究に加えて、募集要項や会社説明会では
得られない職場の人間関係、雰囲気、就職活動のアドバイスといった体験
談を得ると同時に、選考を有利に進めたいという意図が含まれていること
もあるでしょう。従来までは、学生のOB・OG訪問は企業の直接的な採用・
選考活動とは一線を画していましたが、近年ではOB・OG訪問専用のマッ

チングアプリから企業側も公認OB・OGを登録することで、ダイレクトな採用活動に活かす動きもみられるようです。

　企業を経由したり、企業名を明らかにして学生と応対するOB・OG訪問は、応対者には時として会社を代表した対応が求められます。会社説明会や面接の場面と異なり、コミュニケーションの流れの予測がつきづらいため、思わぬトラブルにつながることも考えられます。特に、学生にとって「選考に悪影響を及ぼしたくない」という弱みに付け込んだ応対者の言動や、個人的な連絡先の交換、就職差別につながるおそれのある個人的な質問は厳に慎むよう教育が必要でしょう。

Q4 学生から会社に「OBからセクハラ発言や執拗な食事の誘いを受けたりして困っている」と通報があったが…

　当社を応募予定の学生からOB・OG訪問の希望があったため、社員を紹介したところ、後日学生から会社に連絡があり「対応した社員からセクハラ発言や執拗な食事の誘いを受けて困っている」と通報がありました。OB・OG訪問の対応は社員に任せていましたが、会社としてどのように対応すべきでしょうか。

A4 　いわゆるセクハラ、パワハラ、マタハラに対して事業主が講ずべき措置については、それぞれ「事業主が職場における性的な言動に起因する問題に関して雇用管理上講ずべき措置等についての指針」（セクハラ指針）、「事業主が職場における優越的な関係を背景とした言動に起因する問題に関して雇用管理上講ずべき措置等についての指針」（パワハラ指針）、「事業主が職場における妊娠、出産等に関する言動に起因する問題に関して雇用管理上講ずべき措置等についての指針」

（マタハラ指針）において措置義務が定められており、セクハラを防止するために雇用管理上講ずべき措置は以下のとおりとなっています。

（ア）事業主の方針の明確化およびその周知・啓発
- セクハラの内容、セクハラを行ってはならない旨の方針を明確化し、管理監督者を含む労働者に周知・啓発すること。
- セクハラの行為者については、厳正に対処する旨の方針・対処の内容を就業規則等の文書に規定し、管理監督者を含む労働者に周知・啓発すること。

（イ）相談（苦情を含む）に応じ、適切に対応するために必要な体制の整備
- 相談窓口をあらかじめ定め、労働者に周知すること。
- 相談窓口担当者が、内容や状況に応じ適切に対応できるようにすること。セクハラが現実に生じている場合だけでなく、発生のおそれがある場合や、これらのセクハラに該当するか否か微妙な場合であっても、広く相談に対応すること。

（ウ）職場でのセクハラへの事後の迅速かつ適切な対応
- 事実関係を迅速かつ正確に確認すること。
- 事実確認ができた場合には、速やかに被害者に対する配慮の措置を適正に行うこと。
- 事実確認ができた場合には、行為者に対する措置を適正に行うこと。
- 再発防止に向けた措置を講ずること。

（エ）あわせて講ずべき措置

●相談者・行為者等のプライバシーを保護するために必要な措置を講じ、周知すること。

●事業主に相談したこと、事実関係の確認に協力したこと、都道府県労働局の援助制度の利用等を理由として解雇その他不利益な取扱いをされない旨を定め、労働者に周知・啓発すること。

これらの指針によれば、措置義務の対象は、事業主が雇用する全ての労働者（派遣労働者を含む）に対するハラスメントとされており、事業主が雇用する労働者ではない応募予定者については、ハラスメント措置義務の対象からは外れることになります。しかし、同時に、これらの指針には、事業主が雇用する労働者以外の者（他の事業主が雇用する労働者、就職活動中の学生等の求職者、その他個人事業主等の労働者以外の者）に対しても同様に適切な措置を講じることが望ましいとされています。

したがって、今回の学生からの通報に対しては、上記措置義務を講じることが事業主の義務とまではされていないものの、迅速な調査を行い、セクハラの事実が認められた場合には当該社員に対する懲戒処分を行う等、措置義務と同様の対応を行うことが望ましいことはいうまでもありません。

対応チェックリスト

☑	チェック項目	参照頁
☐	以下の日程に留意しているか ・広報活動開始：卒業・終了年度に入る直前の 3 月 1 日以降 ・採用選考活動開始：卒業・修了年度の 6 月 1 日以降 ・正式な内定日：卒業・修了年度の10月 1 日以降	新卒採用の時期（大学新卒者） P39〜
☐	以下の日程に留意しているか ・ハローワークによる求人申込書の受付開始：卒業年度の 6 月 1 日 ・企業による学校への求人申込・学校訪問開始：卒業年度の 7 月 1 日 ・学校から企業への生徒の応募書類提出開始：卒業年度の 9 月 5 日（沖縄県は 8 月30日） ・企業による選考開始および採用内定開始：卒業年度の 9 月16日	新卒採用の時期（高校新卒者） P40〜
☐	高校新卒者専用の求人申込書を管轄ハローワークへ提出しているか	募集要項（高校新卒者） P44〜
☐	ハローワーク確認印押印済の求人票の写しを募集希望高校へ送付し推薦依頼しているか	募集要項（高校新卒者） P54〜
☐	・「全国高等学校統一用紙」以外の提出を求めていないか ・書類のみで選考を行っていないか ・選考後の採否は高校を通じて速やかに通知しているか ・内定状況は「新規高卒者採用内定状況報告書」によりハローワークへ毎月報告しているか	募集要項（高校新卒者） P57〜
☐	・青少年雇用情報の提供を行っているか（努力義務） ・「求め」があった場合は情報提供項目の類型ごとの情報提供を行っているか（義務）	青少年雇用情報の提供 P62〜

☐	キャリア形成支援にかかる取組みのうち、タイプ1・タイプ2を「インターンシップ」と称していないか	インターンシップ等の類型化 P67〜
☐	卒業・修了前年次2月までに開始したインターンシップ等で取得した学生情報を広報活動・採用選考活動に利用していないか	インターンシップ等で取得した学生情報の利用 P71〜
☐	参加学生との間に使用従属関係が認められるか否かによって、労働関係法令の適用の有無が異なることを確認しているか	インターンシップ等参加学生の労働者性 P73〜
☐	インターンシップやOB・OG訪問時等、就職活動中の学生に対するセクハラ、パワハラ、マタハラに対して措置義務と同様の対応をとっているか	OB・OG訪問 P77〜

中途採用

　中途採用とは、企業が必要な時期に就業経験のある者を従業員として採用することをいいます。

　中途採用は、単なる欠員補充や増員のために即戦力を期待して行うこともありますが、昨今では労働人口の減少、働き方改革推進、JOB型人事制度への移行等の雇用環境の変化により、新卒一括採用中心の採用戦略から中途採用にウェイトを置く採用戦略を採る企業が増えてきています。

　商品やサービスのライフサイクルは短くなり、今まで必要であったスキルやノウハウ等はすぐに陳腐化してしまいます。これまでのように新規学卒者を長期間かけて教育し成長を促すだけでは、今必要な人材を充分に補うことはできません。

　そこで、外部市場から必要なスキル・経験を持つ者を必要な時期に採用することで、より柔軟で機能的な組織運営を可能にすることが期待されています。

　加えて、社外で様々な経験を積んだ中途採用者から社内にはない新しい発想や意見を取り入れていくことで、より多角的な視点から革新的な商品やサービスが生まれやすくなるとも考えられています。

　現在、人手不足による人材獲得競争の激化が中途採用市場も同様です。簡単に欲しい人材が獲得できる時代ではなくなったことが中途採用活動の活性化にもつながっています。

　デジタル技術の進化も相まって、企業が選択できる中途採用の方法やサービスの種類は飛躍的に増えました。

　それ故に、どんな方法やサービスを利用すればよいかわからないといった声も聞かれるようになっています。自社の中途採用活動にとって何が一

番効果的なものであるか、その目的、特徴および費用対効果等を踏まえて取捨選択していかなければならないのです。

　本章では、中途採用における募集方法とそれぞれの特徴および法的留意点等について解説します。

【募集方法の実態調査】

（単位：％）令和2年

事業所規模	転職者がいる事業所計	転職者の募集方法（複数回答）										不明
		ハローワーク等の公的機関	民間の職業紹介機関	求人サイト・求人情報専門誌、新聞、チラシ等	自社のウェブサイト	スカウト	縁故（知人、友人等）	親会社、グループ会社	会社説明会（合同説明会を含む）	その他		
総数	100.0	57.3	24.8	43.2	26.6	7.2	27.6	7.0	4.6	4.8		2.0
前回（平成27年）総数	100.0	65.7	17.3	38.5	18.6	5.9	30.8	5.7	5.2	7.1		2.5
1,000人以上	100.0	49.9	52.6	59.9	66.6	18.0	27.8	10.1	17.9	9.7		0.6
300〜999人	100.0	61.1	45.0	53.4	58.5	6.7	26.6	8.6	15.1	8.4		2.0
100〜299人	100.0	63.2	37.4	52.3	47.1	4.8	31.8	7.7	12.4	8.4		2.2
30〜99人	100.0	65.1	27.3	43.6	28.8	5.2	29.4	4.8	7.8	7.0		1.9
5〜29人	100.0	54.5	22.7	42.1	23.7	7.9	26.8	7.6	2.9	3.7		2.1

出典：厚生労働省　雇用の構造に関する実態調査（転職者実態調査）内、令和2年転職者実態調査の概況

【中途採用の募集・採用方法のまとめ】

1　求人広告
（1）求人情報サイト
（2）求人検索エンジン
（3）ハローワーク
2　人材紹介（転職エージェント）
3　転職イベント
4　ダイレクトリクルーティング
5　オウンドメディアリクルーティング
（1）自社WEBサイト

	（2）　ソーシャルリクルーティング
6	リファラル採用
7	アルムナイ採用

1　求人広告による採用

　中途採用では、最もポピュラーで選択肢の多い採用方法といえます。求人広告自体は新聞、雑誌等の紙媒体からWebサイトを利用した電子媒体による公告掲載方式がメインとなりつつあります。

●求人広告掲載に係る法規制

　ハローワークや募集情報等提供事業者（※）のサービスを利用して求人広告の掲載を行う際には、労働条件の明示等について留意事項があります。

（※）　募集情報等提供事業者（職安法第4条第6項第1号）

　求人企業または求職者の依頼を受けて「求職者」または「求人企業」に求人情報・求職者情報を提供する者。また、次の募集情報等提供を行う者もこれに含まれます。

- 他の職業紹介事業者や募集情報等提供事業者を依頼元や情報提供先にするもの
- インターネット上の公開情報を収集する（クローリング[1]）等、特段の依頼なく収集した情報を提供するもの

●最低限明示しなければならない労働条件等

- 業務内容　●契約期間　●試用期間　●就業場所　●就業時間

1　サーチボット（サーチエンジンのデータベースを作成するための専用のプログラム）がWebサイトの情報を自動的に巡回して収集すること

●休憩時間　●休日　●時間外労働の有無　●賃金　●加入保険

●募集者の氏名または名称　●派遣労働者として雇用する場合はその雇用形態

　具体的な労働条件の明示事項の詳細は「**1** 募集・求人を行う際の労働条件等の明示」（P14）のとおりです。

●労働条件の明示にあたって遵守しなければならない事項

　労働条件を明示するにあたっては、次の内容を遵守することが必要です。

●明示する労働条件は、虚偽または誇大な内容としてはなりません。
●有期労働契約が試用期間としての性質を持つ場合、試用期間となる有期労働契約期間中の労働条件を明示しなければなりません。また、試用期間と本採用が一つの労働契約であっても、試用期間中の労働条件が本採用後の労働条件と異なる場合は、試用期間中と本採用後のそれぞれの労働条件を明示しなければなりません。
●労働条件の水準、範囲等を可能な限り限定するよう配慮が必要です。
●労働条件は、職場環境を含め可能な限り具体的かつ詳細に明示するよう配慮が必要です。
●明示する労働条件が変更される可能性がある場合はその旨明示し、実際に変更された場合は速やかに知らせるよう、配慮が必要です。

　また職安法では、募集情報等提供事業者のみならず、求人企業にも的確表示の義務が課されています（職安法第5条の4）。これらに加え、国籍差別・性差別・障害者差別・年齢制限の禁止につながるような表現は避けなければなりません（「(6) 情報の的確な表示義務」P19参照）。

●労働条件の明示が必要な時点

時点	必要な明示
① ハローワーク、募集情報等提供事業者等への求人申込み、求人広告の掲載等を行う時	●最低限明示しなければならない労働条件（P14参照） ●求人票のスペースが足りない等、やむを得ない場合は、「詳細は面談時にお伝えします」等と書いた上で、労働条件の一部を別途明示することも可能。この場合、原則として、初回の面接等、求人企業と求職者が最初に接触する時点までに、全ての労働条件を明示すべき
② 労働条件に変更があった時（その確定後、可能な限り速やかに）	●当初明示した労働条件が変更される場合は、変更内容について明示しなければならない ●面接等の過程で労働条件に変更があった場合、速やかに求職者に知らせるよう配慮が必要（P18参照）
③ 労働契約締結時	●労働条件通知書等により労働条件を通知することが必要（労働基準法第15条）

Q1 関連会社である有名企業の名称を利用して採用活動を有利に進めたいが…

弊社の関係会社には、有名企業が存在しています。求職者の安心や興味を引き出すため、この企業の実績と合わせて関連会社であることを記載したいと考えていますが、問題はありますか。

A1

求人に関する情報を提供する際には、虚偽の表示または誤解を生じさせる表示をしてはならないとされています（職安法第5条の4）。

関連会社に有名企業が存在することは虚偽ではありませんが、表示の仕方によっては求職者に誤解を生じさせる可能性があることは十分留意しなければなりません。

例えば、優れた製品開発実績を持つグループ会社の実績を

大きく記載し、あたかもその求人企業の実績であるかのように表示することは「誤解を生じさせる表示」にあたります。実際に雇用する予定の企業と関連会社が混同されることの無いよう表示しなければなりません。

（職業紹介事業者指針　第四２、職安法改正Q&A　問2-2）

（1）求人情報サイト（転職サイト）

　求人情報サイトは、人材を募集する企業がサイト運営元に求人情報掲載料を支払い、一定期間にわたり求人情報を掲載し、求職者がそれにエントリーする仕組みです。

① 求人情報サイトの区分

　求人情報サイトは次の２種類に区分できます。

総合型	あらゆる業種や職種の求人情報が扱われる。登録する求職者、閲覧する方も多数おり、より多くの求職者に情報発信することができる。
限定特化型	業種、職種、地域等を限定した求人情報が扱われる。総合型に比べると母集団は小さくなるが、よりニーズに合った求職者に情報発信できる。

② 求人情報サイトの特徴

　ア　多くの転職者が利用

　　募集採用方法を選択するにあたり、転職者の利用が多い求人情報サイトへの求人情報掲載は有力な候補の一つです。

　イ　幅広い層に求人情報を告知できる

　　ターゲットを絞らず、広く全国に告知したい場合等には適した方法

といえます。

　ウ　利用料金

　　多くは掲載課金型（一定の期間に求人情報を掲載することに対して費用が発生）であり、何人採用しても一定期間に対しては金額変動がありません。ただし、結果的に採用に至らなくても費用が発生することになります。

　　一方、成果報酬型もあります。「応募」や「内定承諾」等の段階毎にそれぞれ費用が発生するようなタイプです。

(2) 求人検索エンジン

　求人検索エンジンとは、インターネット上に存在する求人情報を検索窓によって探し出せる求人検索サービスで、いわば求人情報に特化した検索エンジンのことです。

① 求人検索エンジンの仕組み

　求人企業は、運営会社経由で検索エンジンロボットに読み込んでもらえるように条件設定したり、運営会社サイトに直接投稿する等により配信枠を確保、配信することができます。求職者が職種や勤務地等のキーワードを検索すると、それに関連する求人情報としてヒットする仕組みです。

② 求人検索エンジンの特徴

　ア　求職者の見つけやすさ

　　求人検索エンジンは、求職者が迅速かつ簡単に求人情報を検索することができることから利用者が増加しています。

　　GoogleやYahoo!等の汎用検索エンジンのように、必要なキーワードで簡単に検索できます。

　イ　求人数の多さ

　　求人検索エンジンは、キーワードから膨大な求人情報を拾い上げてくるため、より幅広い求職者が求人情報を目にできる可能性が広がり

ます。

ウ　運用の難しさ

　　求人数の多さは自社の求人情報を埋もれやすくもするため、露出度を上げる等、より効果的な運用が求められます。例えば自社のWebサイトの検索エンジンの露出度アップのためのSEO対策[2]と同様、運用するための専門知識を必要とする点は留意すべきです。有料サービスによってそれを補うことも一考ですが、現状、運用担当者の状況分析力や小まめな更新作業等に左右されることが多いようです。

エ　採用コスト低減

　　無料で利用できるサービスも多いため、採用コストを抑えることができます。求人の露出度を上げるために有料サービスを利用することもできます。

（3）ハローワーク

　中途採用を行うにあたって、求人広告掲載と同様に真っ先に思い浮かぶ採用方法といえます。

　ハローワーク（公共職業安定所）は、国（厚生労働省）が運営する総合的雇用サービス機関です。求人企業に対しては、ハローワークに登録することで、求人情報を全国で公開することができます。昨今では求職者とのマッチングに力をいれているため、求人条件の見直し提案や雇用管理に関する提案、情報提供等も積極的に行われています。

　また、ハローワークでは若年層、高年齢者、障害者等の新たな雇入れ、雇用の安定、人材育成に取り組む企業に対して様々な助成金を支給する事業も行っています。

　助成金の中には、ハローワークや一定の要件を満たす民間職業紹介機関

2　SEO（Serch Engine Optimization）対策：検索エンジンの検索結果で自社のWebサイトを上位に表示させることで露出度を上げ、サイト訪問数を増やす対策のこと

等による職業紹介を要件としているものがありますが、ハローワーク等の紹介によらず、自ら直接応募をし、採用した場合は、上記の職業紹介を経ておらず、この要件を満たさないことになります。このため、ハローワーク等の職業紹介によらず、直接応募した者を面接、採用しても、特定求職者雇用開発助成金など職業紹介を条件とする助成金の対象とはなりませんので注意が必要です。

① 求人申込み（利用方法）

　求人の申込み方法は、次の方法があります。

　ア　会社のパソコン等から、「ハローワークインターネットサービス」
　　　上で「求人者マイページ」を開設し、事業所情報や求人情報を入力（仮
　　　登録）し申し込む。

　イ　ハローワーク内に設置されたパソコン（検索・登録用端末）で、事
　　　業情報や求人情報を入力（仮登録）後に、窓口で申込み手続を行う。

求人申し込みから採用までのフローは次のとおりです。

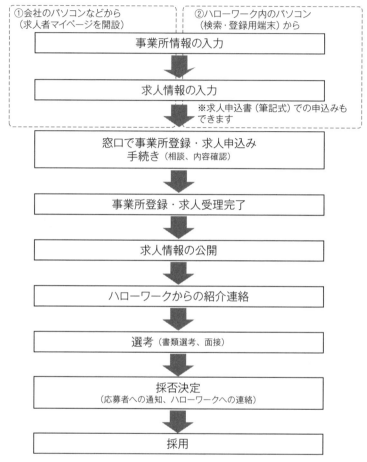

①会社のパソコンなどから
（求人者マイページを開設）

②ハローワーク内のパソコン
（検索・登録用端末）から

事業所情報の入力

求人情報の入力

※求人申込書（筆記式）での申込みも
できます

窓口で事業所登録・求人申込み
手続き（相談、内容確認）

事業所登録・求人受理完了

求人情報の公開

ハローワークからの紹介連絡

選考（書類選考、面接）

採否決定
（応募者への通知、ハローワークへの連絡）

採用

出典：厚生労働省パンフレット「求人者サービスのご案内」

② 求人の有効期限

原則として、求人受理日の翌々月末日までです。

例）5月20日に求人受理　→　7月31日まで公開

③ 求人情報・事業所名等の公開範囲

ハローワークインターネットサービスにおける公開範囲は、求人申込み

時に次の4つから選択することができます。

　ア　全ての求職者に、事業所名等を含む求人情報を公開

　　　ハローワークに登録している求職者をはじめ、より多くの人材から
　　の応募が期待できるが、登録者以外から問い合わせがくる可能性があ
　　る。

　イ　ハローワークに登録している求職者に限定して、事業所名等を含む
　　求人情報を公開

　　　アに比べ応募者数が少なくなる可能性がある。

　ウ　事業所名等を含まない求人情報を公開

　　　求職者はハローワーク窓口で事業所名や連絡先等を確認する必要が
　　ある。

　エ　求人情報を公開しない

　　　ハローワーク内に設置されたパソコンやハローワークインターネッ
　　トサービスでの検索対象外とする。

2　人材紹介（転職エージェント）

　人材紹介は、求める人材情報を人材紹介会社に提供し、ニーズに合った
人材を紹介してもらう仕組みです。

　人材紹介会社は、担当者（エージェント、コンサルタント等）が求人会
社と求職者の仲介役となり、双方のニーズをマッチングさせ採用につなげ
ることで成功報酬を得ることになります。

（1）職業紹介制度

① 定義

　職業紹介とは、「求人及び求職の申し込みを受け、求人者と求職者との
間における雇用関係の成立をあっせんすること」と定義されています（職

安法第4条第1項)。

　いわゆる人材紹介会社は有料職業紹介事業を行う者ということになります。

② 種類

有料職業紹介事業	職業紹介に関し、手数料または報酬を受けて行う事業（厚生労働大臣の許可が必要）。 有料職業紹介事業の対象となる取扱職業の範囲は港湾運送業務[3]および建設業務[4]以外となります。
無料職業紹介事業	職業紹介に関し、いかなる名義でも手数料または報酬を受けないで行う事業。 (1)一般の者が行う場合（厚生労働大臣の許可） (2)学校教育法第1条の規定による学校、専修学校等の施設の長が行う場合（厚生労働大臣に届出） (3)農業協同組合、漁業協同組合、商工会議所等特別の法律により設立された法人であって、厚生労働省令で定めるものが行う場合（厚生労働大臣に届出） (4)地方公共団体が行う場合（厚生労働大臣に届出）

(2) 人材紹介の特徴

　人材紹介の特徴は、求人者と求職者との間の雇用関係の成立にあたり、あっせんをする者が介在するところです。さらに、有料職業紹介事業においては、採用成功時に手数料が発生する成果報酬型となります。

　職業紹介事業者（担当者）が求人者と求職者双方のニーズを聞き取り、最適者をマッチングするため、効率的に採用活動を進めることが可能です。

　職業紹介事業者が代行できる業務は次のとおり多岐にわたるため、採用担当者の負担軽減につながります。

　●求人票の作成

3　港湾運送業務（港湾労働法第2条第2号に規定する港湾運送の業務または同条第1号に規定する港湾以外の港湾において行われる当該業務に相当する業務として厚生労働省令で定める業務をいう）
4　建設業務（土木、建築その他工作物の建設、改造、保存、修理、変更、破壊もしくは解体の作業またはこれらの作業の準備にかかる業務をいう）

- 人材の洗い出しと人選
- 面接日程の調整
- 労働条件面の交渉
- 合否連絡
- 内定手続　等

（3）人材紹介サービスの種類

　人材紹介サービスの種類には、一般登録型、サーチ型および再就職支援型（アウトプレースメント）の３種類があります。

① 一般登録型

　人材紹介会社に登録した求職者の情報データベースの中から、企業のニーズにマッチした人材を紹介する、一般的な人材紹介タイプです。一般登録型は、さらに次の２種類に区分されています。

- 総合型…幅広い業種や職種を扱う
- 専門型…エンジニア、介護、看護等特定の業種や職種に特化

② サーチ型

　人材紹介会社が保有する情報データベースだけでなく、幅広く候補者を探し出すタイプです。スカウトやヘッドハンティングにより他社のデータベースやSNS、人脈等あらゆる方法を駆使しながら人材を探し出します。

　エグゼクティブ層やハイクラスの採用の際に利用されるケースが多くなります。

③ 再就職支援型（アウトプレースメント）

　事業縮小や整理解雇等により人員整理を行う企業等からの依頼に基づき、社員の再就職を支援するタイプです。

　一般的にこのタイプのサービスは、本人への再就職紹介や受け入れ企業の開拓、活用のためのコンサルティングサービス等を含めて広義に解釈されています。

（4）人材紹介と人材派遣の違い

　一見似たような形態の人材紹介と人材派遣ですが、それぞれ根拠となる法令が異なり、全く異なるサービスです。

　大きく異なる点は、雇用形態と支払う費用です。

① 雇用契約

　人材紹介：求職者と求人企業が雇用契約を締結

　人材派遣：派遣元事業主と派遣社員が雇用契約を締結

② 料金

　人材紹介：人材紹介手数料（成功報酬）

　人材派遣：派遣料金

【人材紹介の仕組み】

```
                    ○
                求職者
雇用契約  ↗              ↖ 職業紹介
        ↙                  ↘ 登録

  会社    ← 人材紹介契約 →    紹介
        ←  人材紹介           会社
          求人依頼・紹介料
```

【人材派遣の仕組み】

```
                    ○
                派遣
                社員
仕事の指示 ↗           ↖ 雇用契約
        ↙ 労務提供       ↘

  会社    ← 派遣契約 →      派遣
        ←  人材派遣         会社
          派遣依頼・派遣料金
```

Q2 間違った求人情報を提示していたことがわかったが…

以前から利用していた人材紹介会社から人材紹介を受けるために、過去に提示した求人情報（労働条件）を更新せずにそのまま依頼をしてしまったことで、誤った情報が求職者に提示されていることが分かりました。既に紹介を受けた求職者と選考面談を行うことが決まっていますが、求職者への対応、求人情報の更新はどのようにしたらよいでしょうか。

A2 速やかに人材紹介会社へ連絡し、人材紹介会社を通じて当該求職者に謝罪し、正しい求人情報（労働条件）を提示しなければなりません。その上で選考面接を希望するか否かを求職者に委ねることになります。合わせて人材紹介会社へ提示した求人情報（労働条件）について正しい情報への更新依頼をする必要があります。

●労働条件変更の明示（職業紹介事業者指針）

職業紹介事業者（人材紹介会社）および求人者（求人企業）は既に明示した労働条件等を変更、特定、削除または追加する場合には、当該変更等の内容を原則書面にて明示しなければなりません（「(4) 変更等の明示」P18参照）。

●実務対応のポイント

求職者や人材紹介会社との間の信頼関係に関わるため、提示する求人情報（労働条件）は間違いが無いように注意を払わなければなりません。過去に実績がある人材紹介会社を利用し、過去に掲載した労働条件原稿を活用する場合には、そ

の内容について事前によく確認する必要があります。

3 転職イベント（転職フェア）

　転職イベントとは、合同会社説明会に代表される求人企業と求職者を結ぶ中途採用向けのイベントをいいます。

　公的機関や民間企業が主催するイベントに求人企業の1社として出展し、割り当てられたブースで会社説明を行ったり、採用面談を直接行う場合もあります。

　Webサイト等を利用した他の募集採用方法と異なり、求人企業と求職者が直接対面によるコミュニケーションをとれる機会となるため、会社の雰囲気や広告等では伝えきれない情報を直接伝えたり、求職者の人柄や熱量等を肌で感じ取ることができます。

　一方、会社の説明会や相談会等はWebで実施するケースも増え、アナログとデジタルのハイブリッドで実施されているため、求職者の選択肢が広がっています。

（1）種類

種類は、公的機関主催と民間企業主催に分かれます。

主催元	特徴等
① 公的機関	●主にハローワークや厚生労働省が主催する合同会社説明会 ●出展料は無料であることが多い ●相談会等の開催も多い
② 民間企業	求人企業にとっては、 ●ノウハウをもった運営会社のサポートが受けられ、効果実績アップが期待できる ●出展費用がかかる（イベント規模、出展日数、ブースの広さや場

所、受けるサービスの内容等によって利用料金が異なる）
- 出展費以外の費用（パンフレットやポスター制作費、のぼり、ブース装飾等）がかかる
- 地域毎、業界毎、企業規模毎等様々なイベントが催されているため選択肢は多く、ターゲットを絞った効率の良い採用活動が期待できる
- 書類のやり取りや採用までの手間暇を省くことができる
- 来場者限定の選考フローを設定することでプレミア感を出すことができる

4 ダイレクトリクルーティング

　ダイレクトリクルーティングとは、求人企業が求職者に直接アプローチをかける採用募集方法をいいます。

　応募者自体が減り人材獲得競争が激化した昨今では、求人広告等のように求職者の応募を待つというスタイルだけでは必要な人材の獲得が難しくなってきていることもあり、企業側から積極的に採用候補者に直接アプローチする方法（スカウトレターの送付等）に注目が集まっています。

　この項目では、ダイレクトリクルーティングのサービスを提供している支援会社と契約し、登録された人材データベースから自ら求める人材を探索したうえで直接アプローチする方法について記載しますが、後述する「自社のWebサイトやSNSによる採用」、「リファラル採用」等も、外部の採用支援会社等を通さずに、自社で直接的に採用候補者へアプローチすることから、ダイレクトリクルーティングの一種と解されます。

（1）ダイレクトリクルーティングの特徴
① 転職潜在層へのアピール

　優秀な人材は、いわゆる転職市場に上がっていないことも多く、今すぐには転職を考えていない者も一定数存在します。ダイレクトリクルーティングサービス会社に登録しつつ、良い条件が整えば転職を考えてもよいと

いう候補者や、SNS 等自社とつながりのある候補者に直接アプローチできるメリットがあります。

② 自社の求める人材に直接アプローチ

　求人企業は求める人材に対して、無駄なく的を絞ってアプローチすることができます。

　自社の体制が整えば、求人広告等による募集採用に比べ、コストは抑えられ、採用活動までの手間暇が少なく、すぐに募集活動が行えます。

③ 中長期向け採用方法であること

　ア　スカウトレターに対する反応は薄い

　　　返答率が低かったり、期待する程の反応ではないことが多々あるため、その点を理解をしたうえで継続的に取り組む必要があります。

　　　返答率の上昇や採用につなげるために、無理に条件を引き上げたり、求職者の要望に過度に応えることで、既存社員との条件バランスが崩れたり、入社前の期待値と入社後にわかることになる実力値のギャップが大きすぎたりとトラブルや課題の種となる可能性をはらみます。

　　　また、求人企業に帰属意識が低い者が入社することで、既存社員のエンゲージメントや離職率にも影響を与える可能性もあります。

　イ　もともと自社に興味すらなかった人材を振り向かせる

　　　本当に自社に必要な人材であれば、1 回の機会で採用につながらなかったとしても、継続的にアプローチをしていくことになります。候補者としてのストック情報も刻一刻と状況が変わる可能性があり、メンテナンスを怠れば十分に活かしきれない可能性もあります。

　ウ　時間と手間がかかる（ノウハウの習得が必要）

　　　そもそも自社に必要な人材はどんなスキルを持った人か、自社に興味を持ってもらい、どんな点をアピールしていくのか等の事前の準備はもとより、進捗や結果を睨みつつ課題の分析を行いながらノウハウを習得していくことになります。

(2) ダイレクトリクルーティングの流れ

ダイレクトリクルーティングの流れは主に以下のとおりとなります。

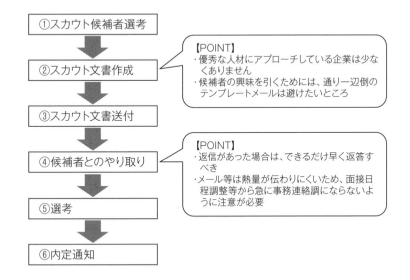

①スカウト候補者選考

②スカウト文書作成

【POINT】
・優秀な人材にアプローチしている企業は少なくありません
・候補者の興味を引くためには、通り一辺倒のテンプレートメールは避けたいところ

③スカウト文書送付

④候補者とのやり取り

【POINT】
・返信があった場合は、できるだけ早く返答すべき
・メール等は熱量が伝わりにくいため、面接日程調整等から急に事務連絡調にならないように注意が必要

⑤選考

⑥内定通知

5　オウンドメディアリクルーティング

オウンドメディアリクルーティングとは、自社が保有するメディア（自社の Web サイト（採用専用ページ等）や SNS 等）を活用して、求職者に対して情報発信を行い、採用募集をする方法をいいます。

求人広告や人材紹介にとどまらず、オウンドメディアを活用し、自ら主体的かつ積極的に求人情報の発信を行うことで、これまで以上に様々な形で求職者へのアピールができるようになっています。

オウンドメディアリクルーティングでは、求人情報の掲載期間を気にする必要もなく、掲載料もかかりません。自社のメディアを利用するため文字数やフォーマットの制限などもありません。自社の魅力を独自の方法で表現、アピールできる特徴があります。

　その一方で、自由に求人情報等の掲載が可能なだけに、法的留意点等を担当者がよく理解したうえで運用しなければトラブルにつながる可能性があります。また、オウンドメディアを使いこなす知識が求められるとともに、制作、運用にかかる費用が必要となります。

（1）自社 Web サイト

　自社が運営するホームページ、ブログサイト、Web サイトのメディアを活用して募集採用を行います。

　自社のコーポレートサイトとは別に採用専用サイトとして立ち上げるケースも多く見受けられます。

　採用に特化した Web サイトでは、コーポレートサイトの構成や掲載順、掲載内容の具体性等のポリシーとは多少切り離して設定することができるため、求職者に直接訴求するページの作りこみが可能です。

（2）ソーシャルリクルーティング

　SNS を活用した募集採用方法のことをいいます。幅広い対象者にアプローチでき、若年層を中心にプライベートで利用率の高い SNS をツールとしたソーシャルリクルーティングは昨今大きな注目を集めています。

① ソーシャルリクルーティングの特徴

　ア　コミュニケーション密度

　　　応募者とのコンタクトの取りやすさと、採用担当者との"近さ"から応募者の本音、人となりをよく知ることができる可能性が高まります。

　　　一方で、情報漏洩や公私混同にならないよう担当者には教育が必要となります。

　イ　情報拡散

　　　応募者や投稿に興味を持ったユーザーに拡散してもらうことでより

多くの人に情報が共有される可能性があります。

一方で、悪評が拡散されてしまうリスクも伴います。

ウ　採用コスト

求人サイトや人材紹介等に比べ、採用コストは低減できます。

② 運用時の留意点

ア　SNS利用ポリシーの必要性

SNS利用ポリシーの策定および周知は、採用担当者に限らず、役員および従業員全員のために必要です。

機密保持、いわゆるネット炎上によるレピュテーションリスク[5]回避のためには、職業人として基本的なSNS利用ルールを身に着けさせ、プライベートであっても常にそれを意識させておきたいところです。

イ　SNS運用ガイドライン（採用担当者向け）の策定

投稿のスタンスや投稿してよいこと・いけないこと、いつ、どの時期に何をどこまでするか、トラブル発生時の対応方法、違反者への罰則等を定めることで、投稿の質を保ち、ネット炎上等のトラブル、リスクを防ぎます。

また、運用担当者の交代でその質が変わらないようにするためにもガイドラインの策定は有効です。

ウ　採用担当者研修

SNS運用ガイドラインの周知、徹底は勿論のこと、SNSサービス情報のアップデートは欠かせません。新しいサービスや新しい機能等を理解、習得するための情報収集や研修参加等も必要となります。

5　企業や製品、サービスの評判が悪化し、企業の信用・ブランドを低下させるリスク（風評リスク）

【SNS 利用ポリシー項目例】

メディアの特性	投稿した発言は、 ●不特定多数のユーザーが目にする ●瞬時に拡散され、際限がない ●一度公開されれば消えない ●匿名性は保証されない　等
メディア活用の心得	●発言は常に会社のブランドや評価につながる可能性があることを認識する ●ユーザーに誤解を与えないように配慮する ●誤った情報、誤解を与える情報を発信した場合は速やかにお詫びと訂正をする ●迷ったときや体調不良等で正常な判断ができないときは発信しない ●感情的にならずに、常に冷静に対応する　等
発信、掲載してはいけない情報	●守秘義務に違反するおそれのある情報 ●会社およびその関係者の名誉・信用を毀損するおそれのある情報 ●他者を中傷する、または侮辱するような情報 ●個人情報、プライバシーに関する情報 ●公共ルールやマナーに反する行為をアピールするような情報 ●人種、思想、信条等で差別し、あるいは差別を助長させる情報 ●違法、もしくは不当な情報、またはそれらの行為をあおる情報 ●知的財産権、肖像権等第三者の権利を侵害する情報 ●その他公序良俗に反する情報　等
免責文の明記	発言は個人の意見であり、会社の意見を代表するものではないという「免責文」を使うこと

Q3　自社運営の SNS で求人情報を掲載したが…

　　自社の公式 SNS サイトを立ち上げ、求人情報を掲載して採用活動を行っていきたいのですが、いわゆる炎上騒ぎにならないようにするためにはどんなことに注意すればよいでしょうか。

A3　採用担当者は、管理する SNS の公式アカウントについて、会社の名誉や信用が毀損されないように適正な管理、運用をする義務があります。そのため、SNS の公式アカウントの管理運用ルールを定めた上で、採用担当者への教育研修の実施および複数名によるチェック体制等の構築をすることが必要です。また、万が一炎上させてしまった時の緊急時対応や懲戒処分の規定化等も検討しておくべきでしょう。

●想定される炎上事例

① 採用担当者として不適切な発言

　会社側の一方的な思いや考え、担当者の本音等を投稿する場合は、閲覧者の様々な立場、境遇、価値観等に対して配慮に欠けた発言と受け止められやすく、結果的に炎上につながりやすいといえます。

② 法令違反例

　　ア　インターネットで見つけた画像等の無断転載（著作権法第21条）

　　イ　応募者の個人情報の暴露（個人情報の保護に関する法律（以下「個人情報保護法」）第23条）

③ センシティブな国籍、ジェンダー、宗教、信条等に関する発言

●研修実施

　求職者と直接接点をもつことができる採用担当者は、いかに自分自身を知ってもらい、親近感をもって求職者と接することができるかが志望者を増やす重要な要素だと知っています。

　しかしながら、私生活上の行為とも区別が付けにくい SNS では、行き過ぎた言動につながりやすい傾向もあるため、採用担当者への教育研修は非常に重要です。特に SNS 等を利用した採用活動を行う企業では、炎上リスク対策として有効であるため、内容のアップデートを怠らず定期的にリマインドしていくことがポイントです。

対応チェックリスト（共通）

☑	チェック項目	参照頁
☐	募集要項や求人票の労働条件等の明示事項は漏れなく記載しているか	労働条件等の明示事項 P14～
☐	求職者に対して原則書面（本人が希望した場合に限り電子メール等）で労働条件等を明示しているか	明示の方法 P17
☐	求職者と最初に接触する時点までに労働条件等を明示しているか	明示のタイミング P17～
☐	明示済みの労働条件等を変更等（変更・特定・削除・追加）する場合は、変更内容を適切に理解できるよう対照できる書面の交付または労働条件通知書に下線・着色・脚注することで明示しているか	変更等の明示 P18～
☐	当該労働者の募集が終了する日または当該労働者と労働契約を締結する日までの間保存しているか	明示された労働条件等の記録保存 P19
☐	求人情報や自社に関する情報を的確に表示しているか	情報の的確な表示義務 P19～
☐	正確かつ最新の内容に保持しているか	正確かつ最新の内容に保つ義務 P20
☐	例外事由を除き、男女のいずれかを排除したり、優先したりしていないか	性別を理由とする差別（直接差別） P21～
☐	合理的理由なく身長・体重・体力を要件とすることや、転勤要件を課していないか	間接差別 P25～
☐	障害者であることを理由とする差別となっていないか	障害者差別の禁止 P28～

□	障害者から申出を受けた場合は、過度な負担にならない範囲で合理的配慮を提供しているか	障害者差別の禁止 P29〜
□	例外事由に該当しない年齢制限となっていないか	年齢制限の禁止 P30〜

対応チェックリスト（ダイレクトリクルーティング）

☑	チェック項目	参照頁
□	本人の同意なく利用目的の必要な範囲を超えて個人情報を取り扱っていないか	個人情報の目的外利用の禁止 P104〜
□	文章、画像、イラスト、音声、動画等の無断転載はしていないか	著作権および肖像権等の保護 P105〜

6　リファラル採用

　リファラル（referral）とは「紹介・推薦」を意味する言葉で、自社の従業員や入社予定者からの紹介または推薦を受けた者を対象に行う採用方法をいいます。

　採用難に伴う採用方法・チャンネルの拡充、採用費用の抑制やミスマッチ防止のため積極的に行う企業が増えてきています。

　従業員等からの紹介・推薦という意味では、いわゆる縁故採用も古くから定着している採用方法の一つです。

　縁故採用とは、血縁関係やつながりのある者を入社させる採用方法で、採用の基準に能力やスキル等は関係がありません。一方、リファラル採用は、入口さえ従業員の紹介・推薦ではありますが、だからといって採用基準が変わるわけではありません。必ず採用されるとは限らない点が縁故採用との大きな違いです。

（1）リファラル採用の特徴
① ミスマッチの低減

　会社が求める能力水準や、会社・職場の雰囲気に合うかどうか等、従業員がよく理解した上で紹介・推薦する者であるため、入社後のミスマッチによるトラブルは低減されると考えられます。
② 採用コスト低減

　求人広告や人材紹介等に比べ、採用コストは低減できると考えられます。

（2）リファラル採用と委託による労働者の募集

　会社が従業員に呼びかけ（委託し）、友人や知人等を採用候補者として勧誘し、紹介・推薦してもらう本制度は、職安法上、「労働者の募集」（※）にあたります。

（※）「労働者の募集」（職安法第4条第5項）

労働者を雇用しようとする者が、自ら又は他人に委託して、労働者となろうとする者に対し、その被用者となることを勧誘することをいう。

この「労働者の募集」（採用候補者の紹介・推薦）を労働者の業務内容とするか否かによってその取扱いが異なります。

また、紹介・推薦した従業員に対して、報酬を支払うか否かによっても取扱いが大きく異なります（職安法第36条第1項〜第3項、第40条）。

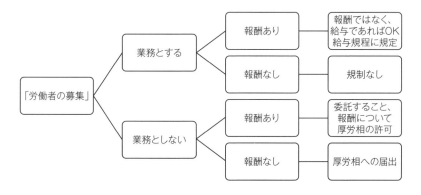

Q4 入社が決まった者を紹介した社員に報奨金を支払いたいが…

　社員の紹介により選考を進めていた候補者が、ご縁があって入社することになりました。紹介してくれた社員には報奨金を支払う予定ですが、問題はありますか。

A4

　問題はありませんが、当該報奨金は、人材の募集業務の対償として払う賃金として取り扱う必要があります。

●中間搾取の排除（労働基準法第6条）

　業として他人の就業に介入して利益を得ることは禁止されています。ここでいう「業」とは、同種の行為を反復継続することをいいます（1回であっても反復する意思があれば十分であり、主業としてなされると副業としてなされるとを問わない（昭23.3.2基発第381号））。つまり、営利目的であるかどうかが問われます。

●報酬の供与の禁止（職安法第40条）

　原則、労働者の募集に従事する社員に対して報酬を与えることは禁止されています。

　ただし、報酬（紹介料）ではなく、人材の募集という会社の業務を行ったことに対する対償として支払う賃金、給与その他これらに準ずるものとして金銭を支払うことは可能とされています。

●実務対応のポイント

　報奨金を賃金として支給するためには、賃金規程によりその支給要件や支給額等を規定しておかなければなりません。

　また、報奨金の額についても留意すべきです。例えば、給与額に匹敵するような金額ともなれば、いくら賃金規程に規定したとしても、副業の報酬として認識される可能性もでてきます。

　報奨金の支払回数が相当数あり、結果的に給与額と遜色ない程度の金額を支給しているような場合は、労働基準法第6条および職安法第40条いずれも抵触する可能性が出てきますので注意が必要です。

Q5 前職の同僚を誘い採用された者たちが、前職から競業避止義務違反だと訴えられたが…

中途入社した従業員Aが、前職会社の同僚達に誘いをかけ、そのうち数名が当社に入社することになりました。ところが、その前職会社から、Aに対して競業避止義務違反ではないかと訴えがありました。この場合違法となるのでしょうか。

A5 いわゆる引き抜き行為が社会相当性を逸脱したと認められる場合は違法となります。

●**引き抜き行為**

転職した元従業員が元同僚であった従業員を勧誘し、それに応じた場合に自らの会社で雇用したり、勤務先で雇用したりすること自体は個人の転職の自由が保障されている限り通常の勧誘行為の範囲内であれば制限されることはありません（憲法第22条（職業選択の自由））。

●**社会相当性を逸脱した行為とは**

社会的相当性を逸脱した引き抜き行為であるか否かは、転職する従業員の地位、会社内部における待遇および人数、従業員の転職が会社に及ぼす影響、転職の勧誘に用いた方法等諸般の事情を総合考慮して判断されます。

会社に内密に綿密な計画を立て、一斉かつ大量に従業員を引き抜く等極めて背信的方法で行われる引き抜き行為は、社会的相当性を逸脱した引き抜き行為にあたります（ラクソン事件：平成3年2月25日東京地判・判時1399号69頁）。

●退職時に「引き抜き行為をしないこと」等を誓約していた
　場合は

　退職した社員については、就業規則が適用されないため、競業避止義務について個別に誓約書を提出させることで義務履行を担保することになります（ただし、誓約事項に相当性、妥当性がある等誓約書が有効であることが前提）。

　前述の社会的相当性を逸脱した引き抜き行為であるか否かの判断においては、当該誓約書提出の有無も考慮され得るものと考えられます。

対応チェックリスト（共通）

☑	チェック項目	参照頁
☐	募集要項や求人票の労働条件等の明示事項は漏れなく記載しているか	労働条件等の明示事項 P14〜
☐	求職者に対して原則書面（本人が希望した場合に限り電子メール等）で労働条件等を明示しているか	明示の方法 P17
☐	求職者と最初に接触する時点までに労働条件等を明示しているか	明示のタイミング P17〜
☐	明示済みの労働条件等を変更等（変更・特定・削除・追加）する場合は、変更内容を適切に理解できるよう対照できる書面の交付または労働条件通知書に下線・着色・脚注することで明示しているか	変更等の明示 P18〜
☐	当該労働者の募集が終了する日または当該労働者と労働契約を締結する日までの間保存しているか	明示された労働条件等の記録保存 P19
☐	求人情報や自社に関する情報を的確に表示しているか	情報の的確な表示義務 P19〜
☐	正確かつ最新の内容に保持しているか	正確かつ最新の内容に保つ義務 P20
☐	例外事由を除き、男女のいずれかを排除することや優先していないか	性別を理由とする差別（直接差別） P21〜
☐	合理的理由なく身長・体重・体力を要件とすることや、転勤要件を課していないか	間接差別 P25〜
☐	障害者であることを理由とする差別となっていないか	障害者差別の禁止 P28〜

□	障害者から申出を受けた場合は、過度な負担にならない範囲で合理的配慮を提供しているか	障害者差別の禁止 P29〜
□	例外事由に該当しない年齢制限となっていないか	年齢制限の禁止 P30〜

対応チェックリスト（リファラル採用）

☑	チェック項目	参照頁
□	社員に対して支払う報奨金は、報酬ではなく、採用募集業務を行ったことに対して支払う賃金として金銭を支払っているか	報酬の供与の禁止 P110〜
□	・委託募集として報酬を与えて労働者の募集に従事させようとするときに、厚生労働大臣の許可を受けているか ・報酬の額についてあらかじめ厚生労働大臣の許可を受けているか	採用募集業務とせず「報酬を支払う」場合の制限 P109〜
□	募集委託として報酬を与えることなく労働者の募集に従事させようとするときに、厚生労働大臣に届出をしているか	採用募集業務とせず「報酬を支払わない」場合の制限 P109〜
□	社会的相当性を逸脱した引き抜き行為を行っていないか	引き抜き行為の制限 P111

7 アルムナイ採用

アルムナイとは、「卒業生や同窓生」を意味する言葉で、アルムナイ採用とは、一度退職・転職した者を再度雇用する採用手法をいいます。

これまで、育児、介護のためや配偶者の転勤等、やむを得ない事由により退職した者を再度雇用する制度（カムバック制度等）は見受けられましたが、アルムナイ採用では転職者も含まれる点が特徴的です。

（1）アルムナイの積極活用

① 退職者、転職者をポジティブに捉える視点

雇用の流動化が進み、転職がそれほど珍しいことではなくなった現在では、自社を退職し転職した者に対する見方や捉え方も変化してきています。

これまで、転職者は"裏切り者"、"恩知らず"としてネガティブに捉えられていた印象がありますが、"様々な経験やスキルを積んで、一回り大きくなって戻ってきてくれるように…"、"社内で働いていた優秀な人材を確保する…"等転職をポジティブに捉え送り出しつつ、いつでも戻れるようにその土壌を整備しておく、ひいては退職者を含めて経営資源と捉えるといった、ある意味したたかな人事戦略でもあります。

② 即戦力としての期待

アルムナイは自社の業務内容、構成メンバー、雰囲気等の職場環境をある程度把握しています。通常の中途採用者に比べミスマッチが生じにくく、早い段階で高いパフォーマンスを発揮してくれる可能性が高いといえます。

③ 人的資本経営の実現とアルムナイ採用

令和4年5月に経済産業省から公表された『「人的資本経営の実現に向けた検討会」報告書～人材版伊藤レポート2.0～』では、外部人材の獲得の取組みとして、"社員が社外で有効な経験を積んで自社に戻ることを奨励し、アルムナイネットワークの活用等を検討する"ことが取り上げられ

ています。

　取組みの具体的な工夫として次の2点が示されています。

●必要な人材を一人でも多く確保するために、社員一人ひとりが、自律的なキャリア意識の下で自社を出入りすることを前提に、自社を退職した人材（アルムナイ）と中長期的に優良な関係を築く。

●そのような自律的なキャリア意識を持つ人材が、自社に復帰することを希望した際は、「他社で得た経験・知見に基づいて、貢献したい」という目的意識が明確な人材として受け入れていく。

　大企業を中心にアルムナイ採用の関心度は高く、積極的な活用が進むことが予想されます。

④ 業務委託、協業という選択～出戻り採用だけでないアルムナイ活用～

　退職後、他社へ転職する者もあれば、フリーランスとして起業する者もいます。元従業員は、会社の良いところ、悪いところ等事情をよく理解しています。一から信頼を積み上げ関係性を構築する煩わしさはなく、新たな取引先として業務を委託したり、協業が可能になったりと制度活用のメリットは大きいといえます。

　フリーランスに限らず、転職者であっても、副業・兼業が認められている会社に所属していれば、協業の可能性は十分にあるわけです。

　「出戻り採用は虫が良すぎるのでは…」「労使の関係でなく、もっと対等な立場で協業したい…」と考えている退職者に対しても、アルムナイでつながってさえいれば、ハードルを下げた形や間口を広げた形でのアプローチが可能となります。

（2）アルムナイ制度と情報管理

　アルムナイを有効に活用するためには、社内の最新情報を提供、共有で

きるに越したことはありません。

　しかしながら、アルムナイは社外の者であることに変わりはありません。

　　　「昔のなじみでつい営業秘密を話してしまった…」
　　　「退職者からの協業依頼に対して許可を得ず営業情報を
　　　提供してしまった…」

　このような場合、情報漏えい事案として、社内処分や損害賠償等に発展する可能性もあり、情報管理上問題があるといわざるを得ません。

　したがって、アルムナイ制度運用においては、社内情報の管理区分に沿って提供、開示できる情報レベルを取り決めて、その取扱いを徹底させる必要があります。

　さらに、アルムナイが他社の経験や知見を身に着けて自社に戻ってきてくれることは良しとしても、他社の営業秘密を自社に持ち込ませて利用させることはできません。採用時には「秘密情報を持ち込ませない」よう、その旨を誓約書等の書面で確約を取っておくべきです。

① 一般的な機密情報管理区分

社外秘	社内で共有可能な情報 例）人事組織情報、就業規則等
秘	社内の一部の者が閲覧、アクセスできる情報 例）顧客情報、重要契約情報等
極秘	役員等ごく一部の者のみ閲覧、アクセスできる情報。事業運営上特に重要な機密情報 例）新技術、新製品情報、非公開のM&A情報等

② 営業秘密とは

　会社の営業秘密は、不正競争防止法により保護されているため、営業秘密を不正に取得し、自ら使用し、もしくは第三者に開示すれば法令違反に

あたります。

　法的に営業秘密として保護されるためには、3つの要件を全て満たすことが必要です（不正競争防止法第2条）。

秘密管理性	社内で秘密として取り扱われていたか
有用性	その情報に財産的価値があるか
非公知性	一般に入手できない、知られていない情報か

【研究・開発や営業活動の過程で生み出された営業秘密例】

- ●顧客名簿や新規事業計画、価格情報、対応マニュアル（営業情報）
- ●製造方法・ノウハウ、新規物質情報、設計図面（技術情報）

　営業秘密を漏えいされる等の被害にあった場合、民事上、刑事上の措置を取ることができます。

③ 個人情報の取扱い

　アルムナイから取得する個人情報の取扱いについては、従業員とは異なるため、取得から廃棄・削除までの取扱いを明らかにしておく必要があります。

　アルムナイ制度の内容とも大きく関連しますが、「採用活動にのみ利用する」等利用目的の限定や、他アルムナイへの情報提供・開示等の同意取得等、個人情報保護法に則った管理、運用が求められます。

(3) 退職者との関係性を維持するコツ

① アルムナイコミュニティの立ち上げ

　まずは、アルムナイコミュニティを作り、退職者に登録してもらうところから始まります。

　退職者の退職時にアルムナイコミュニティについて案内し、登録を促す

ことになりますが、既に退職済の退職者についても、アルムナイコミュニティの存在を認知してもらうためにSNSを利用する等の工夫が必要となります。

② 退職者にとってのメリットのあるコミュニティとは

- ●自らのキャリア形成に役立つイベントや情報が提供されていること
- ●退職者同士のつながりができること（元同期や元同僚、取引先等）
- ●簡単にコミュニケーションが取れること
- ●会社の今を知ることができること
- ●現役社員との交流イベント等に参加できること
- ●協業案件の募集や案内が見られること
- ●求人情報等の案内が見られること

Q6　アルムナイの一人に会社の顧客情報を提供してしまったが…

退職後フリーランスで働くBに、アルムナイコミュニティを通じて営業会議資料の作成を委託しました。その際に顧客リストが提供されていましたが、その後Bが顧客リストに掲載されている顧客に対して営業活動をしていることが分かりました。直ちに営業活動を差し止めたいのですが、問題はあるでしょうか。

A6　顧客リストが営業秘密にあたれば、Bの行為は不正な利益を得る目的で顧客リストを使用することになるため、不正競争防止法違法となります。また、業務委託契約に基づく守秘義務違反でもあり、契約の即時解除、違反行為の差止請求、顧客リストの破棄、削除請求、貴社への信用回復措置の請求および損害賠償請求等を行うことが想定されます。

●営業秘密の該当可否

顧客リストが名実ともに秘密として厳重に管理され、いわゆる秘密管理性が認められるものであれば、顧客リストはおそらく営業秘密にあたるものと考えられます（不正競争防止法第2条第6項）。

営業秘密にあたれば、不正競争防止法の保護を受けられる可能性が高まります。

●不正競争行為（営業秘密侵害罪）

禁止されている営業秘密についての不正行為類型は大きく分けて次の4種類です。

① 不正な手段による取得型

② 正当に営業秘密が示された者による背信的行為型

③ 転得者による使用・開示型

④ 営業秘密侵害品の譲渡型

本ケースは②に該当し、具体的には、営業秘密を示された者がその管理にかかる任務に背き、横領、複製、消去義務違反等の方法により領得し、営業秘密を図利加害目的[6]でその管理に係る任務に背き、使用または開示する行為にあたるものと考えられます（不正競争防止法第21条）。

●重い代償

上記法令違反に伴う罰則は非常に重く、10年以下の懲役もしくは2,000万円以下の罰金（またはこれの併科）にあたります。

●アルムナイという関係性の危うさ

アルムナイということで契約書の締結を怠り口約束になっ

6　背任罪の構成要素の一つ。背任罪の行為者が、自己もしくは第三者の利益を図るか、または保有者に損害を与えようとすること。

ていたり、担当者に情報管理の認識が薄い場合、情報漏洩によるトラブルとなる可能性があるため、情報管理体制とアルムナイ制度の運用体制の見直しが必要です。

Q7 退職者から個人情報の取扱いに関する苦情を受けたが…

　当社では、退職予定者に対して退職時にアルムナイ制度の説明をし、事前に本人から同意を得た上で、アルムナイコミュニティ（SNS）に登録し、対象者の個人情報を開示しています。

　今般、退職者Cより「見ず知らずの会社からSNSのDM（ダイレクトメッセージ）が送られてきて困っている」と苦情を受けました。会社の対応に問題はあるのでしょうか。

A7 　他のアルムナイがCの個人情報の取得目的を偽っていた等、貴社が一般的な注意力をもってしても予見できない状況であった場合は不適正利用には該当しないと考えられます。ただし、他のアルムナイが開示された個人情報を自由に利用できるような環境であったり、他のアルムナイが開示された個人情報を不正に利用していることが窺われる事情を認識していた等の場合は、不適正利用に該当する可能性があります。

●個人情報の不適正な利用の禁止

　個人情報保護法第19条では、個人情報取扱事業者（貴社）が違法または不当な行為を助長し、または誘発するおそれがある方法により個人情報を利用することを禁止しています。

●ここでいう「おそれ」とは

　貴社による個人情報の利用が、違法または不当な行為を助長または誘発することについて、社会通念上蓋然性が認められるか否かにより判断されます。この判断にあたっては、個人情報の利用方法等の客観的な事情に加えて、個人情報の利用時点における御社の認識および予見可能性も踏まえる必要があります（個人情報の保護に関する法律についてのガイドラインに関するQ&A[7]（以下「個人情報ガイドラインQ&A」）Q3-3)。

●不適正利用にならないために

　アルムナイコミュニティ登録時には、退職予定者に対して他者の個人情報における利用目的の限定や違法または不当な目的で利用しない旨の誓約が必要です。

　なお、本人の同意を得て個人データを第三者に提供（開示）する場合には、原則として第三者提供時の記録義務（同法第29条）が課されることにも注意が必要です（個人情報ガイドラインQ&A　Q3-4)。

●利用停止請求への対応

　本件が個人情報の不適正利用にあたる場合、または本人の権利または正当な利益が害されるおそれがある場合としてCが保有個人データの利用停止もしくは削除を請求すれば、それに応じる義務が生じます（個人情報保護法第35条）。

7　個人情報保護委員会 HP（https://www.ppc.go.jp/files/pdf/2304_APPI_QA.pdf）

対応チェックリスト（共通）

☑	チェック項目	参照頁
☐	募集要項や求人票の労働条件等の明示事項は漏れなく記載しているか	労働条件等の明示事項 P14～
☐	求職者に対して原則書面（本人が希望した場合に限り電子メール等）で労働条件等を明示しているか	明示の方法 P17
☐	求職者と最初に接触する時点までに労働条件等を明示しているか	明示のタイミング P17～
☐	明示済みの労働条件等を変更等（変更・特定・削除・追加）する場合は、変更内容を適切に理解できるよう対照できる書面の交付または労働条件通知書に下線・着色・脚注することで明示しているか	変更等の明示 P18～
☐	当該労働者の募集が終了する日または当該労働者と労働契約を締結する日までの間保存しているか	明示された労働条件等の記録保存 P19
☐	求人情報や自社に関する情報を的確に表示しているか	情報の的確な表示義務 P19～
☐	正確かつ最新の内容に保持しているか	正確かつ最新の内容に保つ義務 P20
☐	例外事由を除き、男女のいずれかを排除することや優先していないか	性別を理由とする差別（直接差別） P21～
☐	合理的理由なく身長・体重・体力を要件とすることや、転勤要件を課していないか	間接差別 P25～
☐	障害者であることを理由とする差別となっていないか	障害者差別の禁止 P28～

☐	障害者から申出を受けた場合は、過度な負担にならない範囲で合理的配慮を提供しているか	障害者差別の禁止 P29〜
☐	例外事由に該当しない年齢制限となっていないか	年齢制限の禁止 P30〜

対応チェックリスト（アルムナイ採用）

☑	チェック項目	参照頁
☐	・従業員ではないアルムナイへの営業秘密の漏洩防止措置は取られているか ・アルムナイ、入社者等から他社の営業秘密を持ち込ませないようにしているか	営業秘密の取扱い P116〜
☐	・アルムナイ制度により知り得た個人情報等の取扱い、および安全管理措置が取られているか ・アルムナイには、制度利用時に他のアルムナイの個人情報における利用目的の限定や違法または不当な目的で利用しない旨の誓約を取り付けているか	個人情報の取扱い P118〜

パート・アルバイト・契約社員の採用

1 求人広告

　パート・アルバイトを募集しても応募者が集まらないという話をよく聞きます。パート・アルバイト採用の特徴の一つは、応募者側に就労できる時間帯や日数に制約があることです。パート・アルバイト採用では、これらの特徴を踏まえて募集条件を検討するとともに、パート・アルバイト等の募集であっても職場に必要な人材像を明確にしておくことが重要です。契約社員の採用では、採用後のミスマッチが起きないよう職務内容や求める人材像が具体的にイメージできる募集内容にします。

　また、募集条件を決めるにあたり、パート・アルバイトや契約社員ならではの法的留意点もありますので注意しましょう。

（1）パート・アルバイトの採用

① パート・アルバイトとは

　パートは主婦（夫）が空き時間に働く、アルバイトは学生や若者といったイメージがあるかもしれませんが、法律上の区分はありません。短時間労働者および有期雇用労働者の雇用管理の改善等に関する法律（以下「パート・有期労働法」）第2条では「短時間労働者」について「一週間の所定労働時間が同一の事業主に雇用される通常の労働者の一週間の所定労働時間に比し短い労働者をいう。」と定義しています。「パート」「アルバイト」と呼称が違っても短時間労働者であれば、パート・有期労働法上の短時間労働者となります。この定義上の「通常の労働者」は、いわゆる正社員をさします。

　また、労働基準法では、雇用形態を問わず、全ての労働者を保護の対象としています。

② パート・アルバイトの属性

　パート・アルバイトの形態で仕事を探している人達の属性は様々です。一般的な属性として、学生、主婦（夫）、フリーターが考えられますが、この属性により就業条件のニーズが異なります。

属性	一般的な就業ニーズ
学生	●授業のない空いた時間に働きたい（学業優先） ●授業のある日は、夕方以降の時間帯に働きたい ●授業のない日は、日中も働きたい ●同世代のアルバイト等がいることも重視
主婦（夫）	●午前から夕方前までの間に働きたい（家事優先） ●1日に働ける時間は3〜5時間程度 ●必ず予定時間で終了できることも重視
フリーター	●多様な価値観により就業ニーズも多様 ●1日はフルタイムのニーズが一般的に多い（収入優先） ●特定の時間帯に希望する場合もある ●長期に安定的に働けることを重視

③ パート・アルバイトの求人広告

　自社の求めるパート・アルバイト人材に合う属性を想定して、求人広告を作成します。また、作成する際は、パート・アルバイトの視点で自社の何をアピールすれば応募が集まるのかも考慮するとよいでしょう。

●ターゲット層に応じた求人広告の例

ターゲット層	アピールする内容例（条件設定できる場合）
学生	●掲載以外の時間帯・曜日の勤務でも相談可とできること ●授業のない日は短時間以外の勤務も相談可とできること

主婦（夫）	●時間外労働は原則なし、子育てや家事との両立がしやすいこと（具体例を示す） ●契約社員や社員への転換制度があること （キャリア志向の強い人材は、子育て期間後にキャリアアップできる会社であることが応募誘因の条件になる）
フリーター	●勤務成績等により、契約社員や社員登用の道があること （意図せず非正規雇用者となっていた人材なら、安定した雇用、キャリアアップできる会社であることが応募誘因の条件になる）
シニア層	●多様な世代が働いている職場であること ●同世代の人材が活躍している職場であること ●IT機器の操作指導が事前に行われること

　その他、業種や賃金制度等により様々なアピール条件があります。例えばシフト勤務制の場合で、時間帯や曜日により時給設定が異なる場合なら、想定されるシフトで働いた場合の賃金額を示し、月の賃金総額をイメージさせるといったことも考えられます。

④ 法的留意点

　パート・アルバイトにも労働基準法が適用されます。募集条件を定める際は、特に次の点に留意しましょう。

ア　18歳未満のアルバイト採用（最低年齢）

　労働者として雇用できる下限年齢は15歳（満15歳に達した日以後の最初の３月31日までは不可）です（労働基準法第56条）。

　ただし、一定の事業を除く職業で、児童の健康および福祉に有害でなく、かつ、その労働が軽易なものについては、行政官庁の許可を受けて、満13歳以上（映画製作や演劇の事業は満13歳未満を含む）の児童を修学時間外に使用することができます（労働基準法第56条２項）。

　なお、高校生等、18歳未満の人を採用する場合は、次の点に留意します。

●書類の備え付け（労働基準法第57条）

次の書類を事業場に備え付けなければなりません。

●年齢を証明する戸籍証明書

●修学に差し支えないことを証明する学校長の証明書および親権者または後見人の同意書（労働基準法第56条第2項に該当する場合）

●就業上の制限等（労働基準法第60条、第61条第1項、第62条、第63条）

働き方や一定の業務について禁止・制限されています。

変形労働時間制、フレックスタイム制、時間外・休日労働、労働時間および休憩の特例、高度プロフェッショナル制度の適用なし、その他[1]
交替制で勤務させる満16歳以上の男性を除いて、深夜業（22時から翌5時まで）は禁止
厚生労働省令で定める一定の危険有害業務は制限
坑内労働（鉱物等の掘削または掘採の業務等）は禁止

イ　休憩

休憩時間は、労働契約で定めた所定労働時間ではなく、実際に労働した実労働時間（休憩時間を除き・時間外労働を含む）により、必要な休憩時

1　労働基準法第56条第2項の規定により使用する児童については、第32条の規定の適用について、同条第1項中「1週間について40時間」は「修学時間を通算して1週間について40時間」とし、同条第2項中「1日について8時間」は「修学時間を通算して1日について7時間」とする。また、満15歳以上満18歳未満の者については、満18歳に達するまで（満15歳に達した日以後の最初の3月31日までの間を除く）、一定の制限のなかで1日8時間または1週40時間を超える就労をさせることができる。

間が定められています（労働基準法第34条）。

　実務上は、パート・アルバイトに適用する就業規則がある場合、休憩時間はその規定に従います。規程がなく個別に労働条件を設定する場合は、パート・アルバイトの所定労働時間や時間外労働の有無、職場の運営を考慮したうえで休憩時間を定めます。法律上は労働時間が1日6時間以下なら休憩は不要ですが、一般的な昼食時間をまたぐ勤務であれば休憩時間を設けるべきでしょう。

1日の労働時間	休憩時間
6時間以下	不要
6時間超8時間以下	45分以上
8時間超	60分

ウ　年次有給休暇

　年次有給休暇は、6カ月間継続勤務し全労働日の8割以上出勤した労働者に対して、継続または分割した10労働日の有給休暇を与えなければなりません（労働基準法第39条）。

　雇用形態による要件は設けられておらず、上記の要件を満たせばパート・アルバイトにも年次有給休暇が付与されます。パート・アルバイトには年次有給休暇の付与はない等、よく誤解のあるところですから留意しましょう。

●労働基準法による年次有給休暇の付与日数

通常の労働者[2]

継続勤務 年数 (年)	6カ月	1年 6カ月	2年 6カ月	3年 6カ月	4年 6カ月	5年 6カ月	6年 6カ月 以上
付与日数 （日）	10	11	12	14	16	18	20

週所定労働日数が4日以下の労働者（かつ週所定労働時間30時間未満）

	週所定 労働日数	1年間の所 定労働日数	継続勤務年数						
			6カ月	1年 6カ月	2年 6カ月	3年 6カ月	4年 6カ月	5年 6カ月	6年 6カ月 以上
付与日数	4日	169日〜216日	7日	8日	9日	10日	12日	13日	15日
	3日	121日〜168日	5日	6日	6日	8日	9日	10日	11日
	2日	73日〜120日	3日	4日	4日	5日	6日	6日	7日
	1日	48日〜72日	1日	2日	2日	2日	3日	3日	3日

エ　社会保険等の取扱い

　社会保険、雇用保険、労災保険の加入要否は、募集時に明示しなければ
ならない条件とされています（職業安定法第5条の3）。社会保険や雇用
保険の加入要件は、週の所定労働時間等により異なるため、募集する就業
条件により明示する内容が変わります。

2　週所定労働時間が30時間以上、所定労働日数が週5日以上の労働者

○：加入要　×：加入不要

| | 加入上限年齢 | ① フルタイムフル出勤 | ② 週の時間・月の日数がフルタイム・フル出勤の3/4以上 | 3/4未満 週20時間以上 | | ⑤ 週20時間未満 |
				③ 特定適用事業所[5]	④ 特定適用事業所以外	
健康保険	75	○[3]	○	○[6]	×	×
厚生年金	70					
雇用保険	−	○[4]	○	○	○	×
労災保険	−	○	○	○	○	○

オ　その他の留意点

　第2編第1章における遵守事項は、パート・アルバイト採用であっても同様に遵守しなければなりません。

●実務上の取扱い

　実務上は、パート・アルバイトに適用する就業規則がある場合、年次有給休暇の付与条件は、その規程に従います。適用する規程がなく個別に労働条件を設定する場合は、最低でも労働基準法の取扱いに基づく付与条件を設ける必要があります。

　自身でHPを作成してアルバイトを募集したいが何を書けばよいか…

　　自身でHPを作成してパート・アルバイトを募集したいのですが、何をどのように書けばよいのでしょうか。

3　常時使用、2カ月以内の雇用契約が更新されることが見込まれる人
4　週の所定労働時間が20時間以上かつ31日以上の雇用が見込まれること
5　特定適用事業所：企業単位で被保険者数101人以上（2024年10月からは51人以上）
6　賃金の月額が8.8万円以上であること、学生でないこと

A1　応募者を募集する場合、労働条件が不明瞭なまま労働契約が締結されることを防止するために、雇用形態を問わず、就業時間や業務内容等、一定の労働条件を明示することが義務付けられています（具体的な明示事項は、第2編第1章参照）。

　この他、職業安定法第42条では、労働者の募集を行う者は「労働者の適切な職業の選択に資するため、その業務の運営に当たっては、その改善向上を図るために必要な措置を講ずるよう努めなければならない。」としています。

　努力義務ではあるものの、パート・アルバイトといった雇用形態で働くことを希望する人達が適切な職業を選択できるよう、学業や家庭生活との両立が可能となる柔軟な条件設定や、キャリア志向にも応えられるような制度の整備等が求められます。

　ご質問のケースにおいて貴社が募集するパート・アルバイトの業務内容はわかりませんが、例えば学生アルバイトや主婦（夫）をターゲットとした募集なら、所定の勤務パターンを掲載したうえで、労働日や労働時間は相談に応じる旨の補足説明が効果的だと考えられます。就業上の制約があっても働くことができる職場であることが応募者に伝わります。また、採用のミスマッチを防ぐためには、仕事の内容（事務・接客・現場作業等）や職場の雰囲気が具体的にイメージできるように、これらの内容についても掲載するとよいでしょう。

（2）契約社員の採用

　契約社員という呼称について、法律上の定義や区分はありませんが、パート・有期労働法では、「有期雇用労働者」は事業主と期間の定めのある労働契約を締結している労働者と定義しています（パート・有期労働法第2条）。「嘱託社員」「準社員」等と呼称が違っても有期労働契約者であれば、パート・有期労働法上の有期雇用労働者となります。

　また、労働基準法では、雇用形態を問わず、全ての労働者を保護の対象としています。

募集条件を決める際の法的留意点

　契約社員にも労働基準法が適用されます。このほか労働契約法では、契約更新に関する取扱いや、通算5年を超える労働契約において無期転換権が発生する等、留意すべき事項があります。採用後にトラブルにならないよう、募集条件を定める際は、特に次の点に留意しましょう。

ア　契約期間

　1回の労働契約期間については、上限が定められています（労働基準法第14条）。

契約締結の相手	1回の契約期間
一定の事業の完了に必要な期間を定める者	事業の完了に必要な期間
一定の高度専門職[7]または60歳以上の人	上限5年
上記のいずれにも該当しない者 （期間の定めのない者を除く）	3年以内

7　労働基準法第十四条第一項第一号の規定に基づき厚生労働大臣が定める基準（平成15.10.22厚労告356号）、博士の学位（外国において授与されたこれに該当する学位を含む）を有する者等、全6種類の専門職種

　特別な場合を除いて、契約期間の上限は3年になるからといって安易に3年契約を締結すべきではありません。契約期間を定めている趣旨からすれば、業務自体の存続や業務量の程度、契約社員の勤務成績や勤務態度等がわからない状況下において、契約期間を3年にすることは会社にとってリスクがあります。1年等の契約期間を設け、更新の判断基準に基づき契約を更新する扱いが望ましいといえます。

イ　明示する業務内容等

　契約社員の採用は、一般的に中途採用を対象とした契約形態です。採用後のミスマッチを防ぐ観点から、募集条件において職務内容を明示する際は、応募者が具体的にイメージできる記載・掲載内容にします。これについて指針（職業紹介事業者指針第三1（5））では、条件明示にあたり、次の事項を配慮することとしています。

- ●求職者等に具体的に理解されるものとなるよう、従事すべき業務の内容等の水準、範囲等を可能な限り限定すること。
- ●求職者等が従事すべき業務の内容に関しては、職場環境を含め、可能な限り具体的かつ詳細に明示すること。
- ●明示する従事すべき業務の内容等が労働契約締結時の内容等と異なることとなる可能性がある場合は、その旨を併せて明示するとともに、従事すべき業務の内容等が既に明示した内容と異なることとなった場合には、当該明示を受けた求職者等に速やかに知らせること。

ウ　契約期間の上限や無期転換制度

　募集条件の明示において、契約更新の有無や更新の上限等は明示しなければならないとされていません。一方で応募者の視点で考えれば、応募の有無を決める重要な要素となることは間違いありません。契約社員の採用にあたり、自社の契約更新や無期転換の方針を定め、応募者の質問等に対

して回答できるようにしておきましょう。

エ　その他の留意点

　第2編第1章における遵守事項は、契約社員の採用であっても同様に遵守しなければなりません。

対応チェックリスト

☑	チェック項目	参照頁
☐	募集要項や求人票の労働条件等の明示事項は漏れなく記載しているか	労働条件等の明示事項 P14〜
☐	労働条件等の明示は、求職者に対して原則書面(本人が希望した場合に限り電子メール等)で明示しているか	労働条件等の明示の方法 P17〜
☐	労働条件等の明示は、求職者と最初に接触する時点までに明示しているか	労働条件等の明示のタイミング P17〜
☐	明示済みの労働条件等を変更等（変更・特定・削除・追加）する場合は、変更内容を適切に理解できるよう対照できる書面の交付または労働条件通知書に下線・着色・脚注することで明示しているか	労働条件等の変更等の明示 P18〜
☐	明示した労働条件等の記録は、当該労働者の募集が終了する日または当該労働者と労働契約を締結する日までの間保存しているか	明示された労働条件等の記録保存 P19〜
☐	求人情報や自社に関する情報を的確に表示しているか	情報の的確な表示義務 P19〜
☐	求人情報や自社に関する情報は、正確かつ最新の内容に保持しているか	正確かつ最新の内容に保つ義務 P20
☐	募集・採用の対象から例外事由を除き、男女のいずれかを排除することや優先していないか	性別を理由とする差別(直接差別) P21〜
☐	募集・採用において合理的理由なく身長・体重・体力を要件とすることや、転勤要件を課していないか	間接差別禁止 P25〜

☐	募集・採用において障害者であることを理由とする差別をしていないか	障害者差別の禁止 P28〜
☐	募集・採用において障害者から申出を受けた場合は、過度な負担にならない範囲で合理的配慮を提供しているか	障害者差別の禁止 P29〜
☐	募集・採用において例外事由に該当しない年齢制限を行っていないか	年齢制限の禁止 P30〜
☐	募集・採用において雇用できる下限年齢（15歳に達した日以後の最初の3月31日までは不可）を下回っていないか	最低年齢の遵守 P127〜
☐	一定の事業を除く職業で、満13歳以上（映画製作や演劇や13歳未満を含む）の児童に修学時間外に就労させる場合は、行政官庁の許可を受けているか	最低年齢の遵守 P127〜
☐	18歳未満の労働者を採用する場合は、年齢を証明する戸籍証明書を事業場に備え付けているか	書類の備え付け P128〜
☐	一定の事業を除く職業で、満13歳以上（映画製作や演劇や13歳未満を含む）の児童に修学時間外に就労させる場合は、修学に差し支えないことを証明する学校長の証明書および親権者または後見人の同意書を事業場に備え付けているか	書類の備え付け P128〜
☐	18歳未満の募集・採用において変形労働時間制、フレックスタイム制等の適用や時間外・休日労働をさせないようにしているか	18歳未満の就業制限 P128〜
☐	18歳未満の募集・採用において交替制による16歳以上の男性を除いて、深夜（22〜5時）の就業を適用しないようにしているか	18歳未満の深夜業の禁止 P128〜
☐	18歳未満の募集・採用において一定の危険有害業務に従事させないようにしているか	18歳未満の就業制限 P128〜
☐	18歳未満の募集・採用において坑内労働に従事させないようにしているか	18歳未満の坑内労働の禁止 P128〜

☐	休憩時間を除き実労働が6時間超となる場合、45分以上の休憩を設けているか	休憩時間 P128〜
☐	継続勤務期間が6カ月以上となる場合は、年次有給休暇の付与条件を設けているか	年次有給休暇の付与 P129〜
☐	社会保険の加入要件に該当する場合は、社会保険に加入する労働条件を設けているか	社会保険等の加入 P130〜
☐	特別な場合を除いて、1回の労働契約期間は3年を超えないようにしているか	契約期間の長さ P133〜

派遣社員からの直接雇用の方法

　労働者派遣は、雇用関係と使用関係を分離させた特殊な労働関係です。これを構成するのは、派遣社員を雇用する派遣元、使用する派遣先、派遣元に雇用され、派遣先に使用される派遣社員の三者です。

　労働者派遣の就業形態は、多くの企業で定着しているところですが、派遣就業として迎え入れた派遣社員の能力が非常に高く、優秀な場合に、自社の直接雇用として迎え入れたいと考えるケースや派遣元側（派遣社員側）から派遣先に対し、直接雇用の希望を依頼、打診されるようなケースがあります。

　本章では、派遣社員から派遣先への直接雇用化への切替、検討に伴い、法令上、派遣契約上どのようなルールや規制があるのか、また、派遣社員の直接雇用の方法について、どのような方法があるのか、確認をしていきます。

1　労働者派遣について

（1）労働者派遣とは

　まず、労働者派遣とは、「自己の雇用する労働者を、雇用関係を継続したまま、他人の指揮命令を受けて、その他人のために労働に従事させることをいい、その他人に対しその労働者を雇用してもらうことを約しないもの」をいいます（労働者派遣事業の適正な運営の確保及び派遣労働者の保護等に関する法律（以下「労働者派遣法」）第2条）。

　そのため、一般的な雇用形態が事業主と労働者の二者で成り立っているのに対し、労働者派遣は、次のとおり派遣元、派遣先および派遣社員の三

者の関係で成り立っています。

---

① 派遣元と派遣社員との間に雇用関係があること

② 派遣元と派遣先との間に労働者派遣契約が締結され、この契約に
　基づき、派遣元が派遣先に労働者を派遣すること

③ 派遣先は、派遣元から委託された指揮命令の権限に基づき、派遣
　社員を指揮命令すること

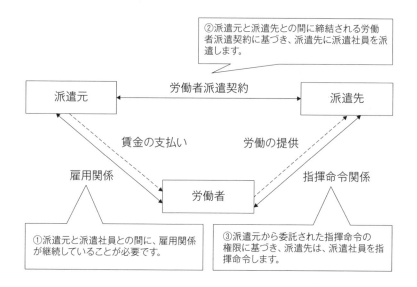

②派遣元と派遣先との間に締結される労働者派遣契約に基づき、派遣先に派遣社員を派遣します。

派遣元　　　労働者派遣契約　　　派遣先

賃金の支払い　　　労働の提供

雇用関係　　　　　　　　　指揮命令関係

労働者

①派遣元と派遣社員との間に、雇用関係が継続していることが必要です。

③派遣元から委託された指揮命令の権限に基づき、派遣先は、派遣社員を指揮命令します。

（2）直接雇用化に向け押さえるべきポイント

　派遣先で就業をしている派遣社員を直接雇用するにあたっては、派遣期間制限のルール等、法令上の仕組みの理解や労働者派遣契約上、認識しておかなければならないポイントを押さえておくことが必要です。

●紛争防止措置の定め　派遣先・派遣元

　まず、派遣元は、①派遣社員との間で、雇用関係終了後派遣先に雇用さ

れることを禁ずる旨の契約をすること、②派遣先との間で、雇用関係終了後派遣先で雇用することを禁ずる旨の契約をすることは、憲法により保障されている労働者の職業選択の自由を実質的に制約し、労働者の就業機会を制限し、労働権を侵害するものであることから、禁止とされています（労働者派遣法第33条第1項、第2項）。

　ただし、禁止されているのは、派遣元との雇用関係の終了後に派遣先が直接雇用することを禁ずる旨の定めをすることであって、雇用契約の終了以前（特に期間の定めのある雇用契約においてはその期間内）について、派遣先が派遣社員を雇用し、または雇用されることを禁ずる旨の契約を締結すること自体は、許容されています。

　なお、実務の中では、派遣先による派遣社員のいわゆる引き抜きのようなケースにより、派遣元と派遣先の間でトラブルになる場合があり、そのトラブルを未然に防止する観点から、労働者派遣終了後に派遣先で直接雇用する場合の取扱いについて、次のとおり派遣元・先間の労働者派遣契約であらかじめ定めておくことが法令上規定されています。

〈労働者派遣契約に定める事項〉
派遣先は、労働者派遣の終了後にその派遣労働者を雇用する場合には、労働者派遣をする者（派遣元）に対し、あらかじめ通知すること、手数料を支払うことその他の当事者間の紛争防止のために講ずる措置の定めをすること（労働者派遣法施行規則第22条第5号）
〈具体的には〉
● 派遣終了後、派遣先がその派遣社員を直接雇用する意思がある場合には、派遣元に、その意思を事前に示すこと
● 派遣元が許可を受けた、または届出をした職業紹介事業者である場合には、職業紹介によるものとして紹介手数料を支払うこと　等
（派遣元事業主が講ずべき措置に関する指針（以下「派遣元指針」）第

> ２の２（2）ロ、派遣先事業主が講ずべき措置に関する指針（以下「派
> 遣先指針」）第２の６（1）ロ）

　そのため、派遣元は、前記の事項を労働者派遣契約に定めるよう、派遣
先に求めることが必要であり、派遣先は、派遣元の求めに応じて、その内
容を契約に定め、これらの措置を適切に講じていく必要があることとなっ
ています。

● **派遣期間制限の２つのルール（派遣先事業所単位）** 派遣先・派遣元

　常用労働者（いわゆる正社員）との代替を防止する観点および派遣就業
への望まない固定化の防止の観点から、派遣先の事業所等ごとの業務にお
ける有期雇用派遣の受入れについては、原則３年までとする事業所単位の
期間制限が設けられています（労働者派遣法第40条の２）。

---

① 派遣期間の考え方

　派遣先は、②の場合を除き、事業所ごとの業務について、派遣元か
ら派遣可能期間（３年）を超える期間、継続して労働者派遣の役務の
提供を受けてはなりません。

　派遣先が３年を超えて労働者派遣を受けようとするときは、派遣先
が所定の延長手続きを行う必要があります。

② 期間制限の適用を受けない場合

期間制限を受けない場合は、次のとおりです。

　ア　派遣社員が無期雇用派遣労働者の場合

　イ　派遣社員が60歳以上の者である場合

　ウ　有期プロジェクト業務（事業の開始・転換・拡大・廃止のため
　　　の業務）に派遣を受け入れている場合

　エ　日数限定業務の派遣を受け入れる場合

　　※日数限定業務に該当するためには、その業務が、通常の労働者
　　　の１カ月間の所定労働日数の半分以下、かつ、月10日以下しか
　　　行われない業務であることが必要となります。

　オ　産前産後休業および育児休業、ならびに産前休業に先行し、ま
　　　たは産後休業もしくは育児休業に後続する休業であって、母性保
　　　護または子の養育をするための休業をする場合におけるその労働
　　　者の業務について労働者派遣の役務の提供を受ける場合

　カ　介護休業および介護休業に後続する休業であって、対象家族を
　　　介護するためにする休業をする場合におけるその労働者の業務に
　　　ついて労働者派遣の役務の提供を受ける場合

---

③ 事業所の考え方

　事業所とは、雇用保険法の適用事業所の概念と同様であり、出張所、
支所等で、規模が小さく、その上部機関等との組織的関連、事務能力
からみて、ひとつの事業所という程度の独立性がないものについては、
直近上位の組織に包括して全体をひとつの事業所として取り扱われま
す。

〈事業所の判断基準〉雇用保険業務取扱要領22002（2）

ア　工場、事業所等、場所的に他事業所（主たる事業所）から独立し
　　ていること

イ　経営の単位として、人事、経理、指導監督、労働の態様等におい
　　て、ある程度の独立性を有すること

ウ　一定期間継続し、施設としての持続性を有すること

エ　ア～ウ等の観点から実態に即して判断すること

　　　派遣先の事業所単位　≒　雇用保険の適用事業所単位

④ 継続の考え方（クーリング期間）

　労働者派遣を受けていた（期間制限の適用を受けないものを除く）
派遣先の事業所が新たに労働者派遣を受ける場合に、新たな労働者派
遣とその直前の労働者派遣との間の期間が3カ月を超えないときは、
継続して労働者派遣の役務の提供を受けているものとみなされます。

〈継続の考え方（クーリング期間）〉

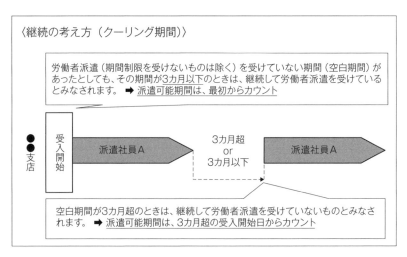

　事業所単位の期間制限は、派遣元から3年を超える期間継続して労働者
派遣の役務の提供を受けようとする場合は、労働者派遣が開始された日か
ら「事業所単位の期間制限の抵触日」（派遣可能期間を超えた最初の日）
の1カ月前の日までの間に派遣先の過半数労働組合等に対し、意見聴取等
の手続を行うことによって、3年以内の期間であれば派遣可能期間を延長
することができます。同様の手続を踏むことでさらなる繰り返しの延長が
可能です。

　現状、多くの派遣先は、前記の手続を行っているため、事業所単位の期
間制限が適用される可能性は、極めて少ないかと考えます。

●派遣期間制限の２つのルール（派遣社員個人単位の期間制限）

派遣先・派遣元

派遣期間制限については、もう１つルールがあります。

派遣社員については、その雇用の安定やキャリア形成が図られにくい面があることから、派遣社員の利用を「臨時的・一時的」なものと位置づけることを原則としています。

このような観点および派遣社員の派遣就業への望まない固定化の防止の確保を図る観点から、特に雇用安定等の面で課題がある有期雇用の派遣社員については、「課」などの同一の組織単位における継続的な受入れを３年までとする個人単位の期間制限が設けられています（労働者派遣法第40条の３）

① 派遣期間の考え方

派遣先は、期間制限の適用を受けない場合を除き（P142参照）、事業所における組織単位（課、グループ等）ごとの業務について、派遣元から３年を超える期間継続して、同一の派遣社員に係る労働者派遣の役務の提供を受けることはできません。

② 組織単位の考え方

具体的には、課、グループ等の業務として類似性や関連性がある組織であり、かつ、その組織の長が業務の配分や労務管理上の指揮監督権限を有するものであって、派遣先における組織の最小単位よりも一般に大きな単位が想定されます（小規模の事業所においては、組織単位と組織の最小単位が一致する場合もあります）。

③ 継続の考え方（クーリング期間）

　組織単位において、労働者派遣の終了後に同一の派遣社員を再び受け入れる場合は、派遣終了と次の派遣開始の間の期間が3カ月を超えないときは、事業所単位の期間制限と同様に、継続して同一の派遣社員を受け入れているものとみなされます。

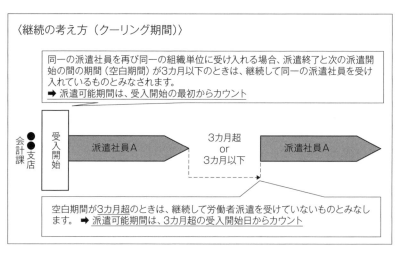

　個人単位の期間制限は、事業所単位の期間制限と異なり、派遣期間の延長の手続が法令上認められていません。そのため、同一の組織単位で同一の派遣社員が就業することができる期間は、原則として3年間が限度となります。特定行為（P156参照）に留意する必要がありますが、別の組織単位であれば、就業継続は可能です。

●雇用安定措置の実施　派遣元

　派遣社員については、前記のとおり派遣先の同一の組織単位において3年間の期間制限が課せられていますが、この期間制限に達した後に、次の就業先がなければ仕事を失う可能性があります。そのため、雇用主である派遣元は、派遣期間終了後に派遣社員の雇用が継続されるようにするための措置を講ずべき責務が次のとおり課されています。

146

　また、3年未満の派遣期間においても、派遣契約の終了により仕事を失うことがないように、1年以上同一の組織単位に派遣されている労働者について、雇用安定を図る努力義務が課されています。

		対象者	措置の内容（派遣元）
①	特定有期雇用派遣労働者	同一の組織単位に継続派遣就業3年見込み （派遣期間終了後も引き続き就業することを希望しているもの）	次のア〜エのいずれかの措置を講ずる 義務 ア　派遣先への直接雇用の依頼 イ　新たな派遣先の提供（合理的なものに限る） ウ　派遣元事業主による無期雇用 エ　その他雇用の安定を図るための措置 アの措置を講じたが、直接雇用に至らなかった場合は、別途イ〜エのいずれかの措置を講ずることが必要 （労働者派遣法第30条第2項） （労働者派遣法施行規則第25条の2第2項）
②		同一の組織単位に継続派遣就業1年以上3年未満見込み （派遣期間終了後も引き続き就業することを希望しているもの）	上記ア〜エのいずれかの措置を講ずる 努力義務 （労働者派遣法第30条第1項）
③	派遣元に雇用された期間が通算1年以上の有期雇用派遣労働者		上記イ〜エのいずれかの措置を講ずる 努力義務 （労働者派遣法第30条第1項）
④	派遣元に雇用された期間が通算1年以上で、今後派遣労働者として期間を定めて雇用しようとする労働者（登録状態）		

　なお、派遣元は、雇用安定措置を講ずるにあたっては、対象となる派遣社員が希望する措置の内容を聴取し、その内容を派遣元管理台帳に記載しなければなりません（労働者派遣法施行規則第25条の2第3項、第31条第10号）。

●派遣社員の雇用の努力義務　派遣先

　個人単位の期間制限により、派遣期間の上限等に達した派遣社員については、派遣先を失うことになります。派遣元は、前記のような雇用安定措置を取ることで、個人単位の期間制限によって不安定になりがちな派遣社員の雇用を安定させなければなりません。また、派遣社員の中には正社員等での直接雇用を希望しつつも、やむを得ず派遣就労に従事している者も存在していることから、派遣元から雇用安定措置として直接雇用の依頼があった場合、派遣先にも可能な限り直接雇用する等の責務が努力義務として課されています（労働者派遣法第40条の4）。

〈優先雇用の努力義務〉※①〜③を全て満たす場合

① 派遣先の組織単位ごとの同一の業務について、1年以上継続して有期雇用派遣社員（特定有期雇用派遣労働者）が派遣労働に従事したこと
② 引き続きその同一の業務に労働者を従事させるため、その派遣の受入期間以後、労働者を派遣先で雇入れようとすること
③ その特定有期雇用派遣労働者について、派遣元から労働者派遣法に定める雇用安定措置の一つとして、直接雇用の依頼があったこと

※ P142の期間制限を受けない者は対象外となります。

●派遣先での正社員化の推進　派遣先

　派遣先は、特定の事業所等において1年以上就業している派遣社員について、その事業所において労働に従事する通常の労働者の募集を行うとき

148

は、その募集に係る事業所等に掲示することその他の措置を講ずることにより、その者が従事すべき業務の内容、賃金、労働時間その他の募集にかかる事項を派遣社員に周知しなければなりません（労働者派遣法第40条の5第1項）。

　派遣社員の中には、いわゆる正社員での直接雇用を希望しつつも、やむを得ず派遣就労に従事している者もいることから、これらの者について正社員として雇用される可能性の機会をできるだけ提供しようとするものです。

〈対象となる労働者〉

① 派遣先の同一事業所において1年以上の期間、継続し就労している派遣社員
② 上記①の派遣社員は、有期雇用に限らず無期雇用の派遣社員も含まれます。
③ 同一の事業所において1年以上の継続勤務があれば対象となり、途中で事業所内の組織単位を異動した場合も含まれます。

〈講ずべき措置〉

① その事業所において労働に従事する通常の労働者の募集を行うときに、その募集にかかる情報をその派遣社員に周知すること
② 「通常の労働者」とは、派遣先のいわゆる正規雇用労働者をいい、有期雇用は含みません。

③ その募集の情報は、新卒の学生を対象とした全国転勤の総合職の
　求人情報等、その派遣社員に応募資格がないことが明白である場
　合は周知する必要はありません。

〈周知の方法〉

周知の方法としては、
● 事業所の掲示板に求人票を貼りだす。
● メール等で派遣社員に通知する。
● 派遣元を通じて派遣社員に知らせる。
などがあげられます。
※派遣元を通じずに募集情報を提供した場合は、提供したことを派遣
　元にも情報提供することが望ましいです。

※周知した事項の内容については、派遣先において記録・保存することが
　望ましいです。

●労働者募集情報の提供　派遣先

　同一の組織単位において3年間継続就労した派遣社員については、直接
雇用の希望がより叶えられるよう、前記の措置に加えて、派遣先は、一定
の要件を満たした特定有期雇用派遣労働者について、その事業所における
募集情報を提供する義務が課せられています（労働者派遣法第40条の5第
2項）。

〈対象となる労働者〉※①および②を満たす場合

① 派遣先の事業所における同一の組織単位の業務について３年間派遣就労する見込みのある特定有期雇用派遣労働者

② その特定有期雇用派遣労働者について、派遣元から労働者派遣法に定める雇用安定措置の一つとして、直接雇用の依頼があったこと

※ P142の期間制限を受けない者は対象外となります。

〈講ずべき措置〉

① その事業所において労働者の募集を行うときに、その募集にかかる情報をその派遣社員に周知すること

② この募集情報は、正規雇用労働者に関するものだけでなく、契約社員、パートタイムなど、その事業所において労働に従事する直接雇用の労働者に関するものです。

③ 特殊な資格を必要とするなど、その有期雇用派遣労働者が募集条件に該当しないことが明らかな場合まで周知する必要はありません。

〈周知の方法〉

P150の周知の方法と同様です。

～　前記の募集条件の周知義務の違い　～

正社員化の推進	労働者派遣法条文	労働者募集情報の提供
第40条の5第1項		第40条の5第2項
派遣先の事業所等で1年以上就業している派遣社員 ※無期雇用派遣社員も含みます	対象となる派遣社員	同一の組織単位の業務に継続して3年間派遣就労の見込みがある特定有期雇用派遣労働者 （期間制限が適用されない者は除きます）
その事業所で働く通常の労働者（いわゆる正社員等）	募集する労働者	その事業所で働く正社員のほか、パートタイム労働者、有期契約社員等
対象に該当した場合	義務が発生する場合	派遣社員が継続就業を希望し、派遣元から直接雇用の依頼がある場合

（3）直接雇用の方法

●派遣先からの直接雇用の依頼

　労働者派遣法の改正（平成27年9月30日施行）に伴い、派遣元・先間の労働者派遣契約に前記（2）**●紛争防止措置の定め**をすることが義務付けられています。この定めは、派遣社員を直接雇用する予定のない派遣先であっても、必ず労働者派遣契約上で記載が義務付けられる項目です。派遣先の意思で就業中の派遣社員の直接雇用を検討、打診する場合は、労働者派遣契約上の紛争防止措置の定めに従って、派遣元に対して、直接雇用の打診を行う必要があります。

〈規定例〉派遣先が派遣労働者を雇用する場合の紛争防止措置

　労働者派遣の役務の提供の終了後、当該派遣労働者を派遣先が雇用する場合には、その雇用意思を事前に派遣元事業主に対して示すこと（職業紹介事業の許可がある場合）。

また、職業紹介を経由して行うこととし、手数料として、派遣先は派遣元事業主に対して、支払われた賃金額の●●分の●●に相当する額を支払うものとする。ただし、引き続き6カ月を超えて雇用された場合にあっては、6カ月間の雇用に係る賃金として支払われた賃金額の●分の●に相当する額とする。

（労働者派遣業務取扱要領「労働者派遣契約書の定めの例」）

実務上、派遣先から直接派遣社員に対し、直接雇用後の労働条件等を示すケースも一定数あるかと思われますが、前記規定例と類似する定めがあり、職業紹介を経由して行う場合は、派遣先から派遣元に対し、直接雇用の意思があることを事前に示した上で、直接雇用後の労働条件や派遣社員本人の派遣先への入社意思を派遣元を介して行うことが必要となります。

また、直接雇用時の手数料を定める場合は、必ずしも手数料の額やパーセンテージまで定める必要はなく、「紹介手数料は別途定める」といった記載でも差支えありません。なお、派遣元が職業紹介事業の許可（職業安定法第30条）を有していない場合は、職業安定法や労働基準法等との問題[1]が生じるため、職業紹介を経由することはできず、手数料の支払いを求めること、支払うことはできません。

手数料の額を定めるか否かは、派遣先の考え方、派遣元との関係性にもよるかと思いますが、労働者派遣契約書は、派遣元が作成している場合が多いため、知らず知らずの内に労働者派遣契約書に直接雇用時の紹介手数料の記載がなされているケースが見受けられます。派遣先の人事担当者の中で、この取扱いの認識がなかった場合は、一度自社の労働者派遣契約書を確認いただくことをお勧めします。

1　職業紹介の許可に違反した場合は、1年以下の懲役または100万円以下の罰金に処される旨が規定（職業安定法第64条）、中間搾取の排除として、何人も、法律に基いて許される場合の外、業として他人の就業に介入して利益を得てはならない旨が規定（労働基準法第6条）

　次に前記（2）**●紛争防止措置の定め**に記載のとおり、派遣元が派遣社員、派遣先との間で、雇用関係終了後、派遣先に雇用される、雇用することを禁ずる旨の契約をすることは禁止されています。ただし、派遣元の雇用契約期間中に雇用される、または雇用することを禁ずる旨の契約を締結すること自体は許容されていることから、通常は派遣元・先間の基本契約書等で派遣契約期間中の派遣先への直接雇用を禁じていることが一般的です。

　そのため、派遣元から派遣先の直接雇用への移行時期については、現状の派遣契約終了後に直接雇用へ移行することが適切な時期となります。

●派遣元からの直接雇用の依頼

　一方で、派遣先の意思ではなく、派遣元（派遣社員）から派遣先に対し、直接雇用の依頼がある場合があります。これは、前記のとおり、派遣元から労働者派遣法に定める雇用安定措置の一つとして、派遣先に対し、直接雇用の依頼をするものです。

　雇用安定措置として派遣元から直接雇用の依頼があった場合は、対象者を優先的に直接雇用する努力義務が労働者派遣法上、派遣先に規定されています（P148参照）。なお、派遣元の求めに応じて、派遣先が派遣社員に対し、直接雇用の申込みをする場合は、賃金等の労働条件の通知内容に特段の制約はなく、どのような労働条件を提示するかは、派遣先が任意に決定することができます。

　また、派遣元から派遣先への直接雇用の依頼は、派遣元が労働者派遣法に基づき講じなければならない雇用安定措置の一つであり、派遣社員の雇用の安定を確保し、派遣先での直接雇用を実現することを目的としたものです。そのため、雇用安定措置による直接雇用の依頼は、職業安定法上の職業紹介ではないことから、派遣先は同法上の職業紹介の手数料を支払う義務はないことになります。さらに、派遣会社と派遣先との間で金銭の授受があることにより、「派遣先への直接雇用の依頼」が不調に終わることは、雇用安定措置の趣旨に反するおそれがあり、問題があるとされています（平

成27年９月30日施行の改正労働者派遣法に関する Q＆A[2]）。

〈参考〉令和２年度　雇用安定措置の実績（速報値）

		対象派遣労働者数	講じた措置				
			第１号措置		第２号措置	第３号措置	第４号措置
				うち、派遣先で雇用された者			
人数		1,083,024人	67,136人	29,305人	406,128人	15,289人	59,431人
	うち、3年見込み	92,223人	19,521人	7,796人	37,625人	9,329人	10,452人
割合			6.2%	(43.7%)	37.5%	1.4%	5.5%
	うち、3年見込み		21.2%	(39.9%)	40.8%	10.1%	11.3%

※　「うち、派遣先で雇用された者」の（　）内は、第１号措置を講じた人数に対する派遣先で雇用された人の割合
※　具体的な措置の内容は、次のとおり
　●第１号措置：派遣先への直接雇用の依頼
　●第２号措置：新たな派遣先の提供
　●第３号措置：派遣元での派遣労働者以外の労働者としての無期雇用
　●第４号措置：その他の措置
　　　　　　　出典：厚生労働省「労働者派遣事業報告書の集計結果（速報）」（令和２年度）

●派遣社員本人からの応募

　派遣先の意思による直接雇用の申入れ、派遣元からの直接雇用の依頼の他、前記（2）●派遣先での正社員化の推進や●労働者募集情報の提供に記載のとおり、一定の要件を満たした派遣社員に対して、派遣先の募集情報の周知義務が定められていることから、派遣社員本人から、派遣先のその求人に対し、直接の応募をしてくることも考えられます。

　この場合の法令上の取扱いとしては、あくまで前記の周知義務が定められているのみとなり、直接の応募があった場合以後の法令上の定めはあり

2　出典：厚生労働省HP（http://www.mhlw.go.jp/stf/seisakunitsuite/bunya/0000118814.html）

ません。

　派遣社員本人からの応募後、派遣先として直接雇用を検討する場合は、派遣元と派遣社員の既存の雇用契約の問題や派遣社員の職業選択の自由、および派遣元・先間での派遣契約期間中の直接雇用の禁止規定等、様々な要因が絡むこととなります。その後の対応は、派遣社員の雇用契約期間（無期・有期）の状況や派遣元・先間の関係性等によって、個別の事案ごとに検討が必要かと考えます。

●紹介予定派遣からの直接雇用

　その他に、紹介予定派遣という派遣先への直接雇用を前提とした労働者派遣があります。

　紹介予定派遣とは、労働者派遣の許可を受けた派遣元が、労働者派遣の役務の提供の開始前または開始後に、派遣労働者および派遣先に対して、職業安定法その他の法律の規定による許可を受けて、または届出をして、職業紹介を行い、または行うことを予定して派遣するものです（労働者派遣法第2条第4号）。

　通常の労働者派遣では、「派遣先は、派遣労働者を特定することを目的とする行為をしないように努めなければならない」旨が規定され（労働者派遣法第26条第7項）、また、派遣先指針では、「特定目的行為の禁止」という項が設けられ、「事前面接、履歴書送付、若年者限定など」派遣社員の特定目的行為を行わない旨が定められています。

　一方で、紹介予定派遣については、派遣先が派遣社員を特定することを目的とする行為の禁止にかかる規定が適用されず（労働者派遣法第26条第6項）、①派遣就業開始前および派遣就業期間中の求人条件の明示、②派遣就業期間中の求人・求職の意思等の確認および採用内定、③派遣就業開始前の面接、履歴書の送付等、派遣先による派遣社員の特定行為を可能としています。

　紹介予定派遣では、派遣先は、紹介予定派遣を受け入れるにあたって、

６カ月を上限として、同一の派遣社員を受け入れることができます（派遣先指針第２の18の(1)）。そのため、この期間に派遣先としては、派遣社員の就業状況を観察し、従業員としての適性を判断することになります。

　一方で、派遣社員側においても、実際に派遣先で就業をして、派遣先の環境や企業文化、業務内容をある程度把握した上で、雇用契約を締結するかどうかを決めることができます。

　これによって派遣社員の直接雇用を促進するとともに、雇用のミスマッチを防止することができます。なお、あくまで派遣期間中は、派遣元との雇用契約となりますが、派遣先の試用期間とも考えられるため、紹介予定派遣により雇い入れた労働者について、派遣先が試用期間を設けないよう行政指導が行われるとされています（労働者派遣業務取扱要領第７の17(7)）。

　紹介予定派遣については、前記のとおり派遣先が派遣社員を特定することを目的とする行為が可能となりますが、直接採用する場合と同様に、労働施策総合推進法や男女雇用機会均等法に基づく「性別を理由とする差別の禁止に関する指針」ならびに障害者雇用促進法に基づく「障害者差別禁止指針」の内容と同旨の内容の措置を適切に講ずるものとすることとされ、派遣社員の特定等を行うにあたっては、これらの指針に従って年齢・性別・障害の有無による差別を行ってはなりません。

　なお、紹介予定派遣の場合は、派遣先は、労働者派遣契約および派遣先管理台帳に、次のとおり紹介予定派遣に関する事項を記載しなければなりません。

〈労働者派遣契約の記載事項（紹介予定派遣）〉

労働者派遣契約が紹介予定派遣にかかるものである場合は、次に掲げる事項の記載が必要です。

●紹介予定派遣である旨

●紹介予定派遣を経て派遣先が雇用する場合に予定される従事すべき業務の内容および労働条件等

【例】

ア　労働者が従事すべき業務の内容に関する事項

イ　労働契約の期間に関する事項

ウ　試みの使用期間（以下「試用期間」）に関する事項

　※　ただし、紹介予定派遣により雇い入れた労働者について試用期間を設けることは望ましくはありません。

エ　就業の場所に関する事項

オ　始業および終業の時刻、所定労働時間を超える労働の有無、休憩時間および休日に関する事項

カ　賃金の額に関する事項

キ　健康保険法による健康保険、厚生年金保険法による厚生年金、労働者災害補償保険法による労働者災害補償保険および雇用保険法による雇用保険の適用に関する事項

ク　労働者を雇用しようとする者の氏名または名称に関する事項

●紹介予定派遣を受けた派遣先が、職業紹介を受けることを希望しなかった場合または職業紹介を受けた者を雇用しなかった場合には、派遣元事業主の求めに応じ、それぞれその理由を、書面の交付、ファクシミリを利用してする送信、または電子メール等の送信の方法により、派遣元に対して明示する旨

●紹介予定派遣を経て派遣先が雇用する場合に、年次有給休暇および退職金の取扱いについて、労働者派遣の期間を勤務期間に含めて算入する場合はその旨

●労働者を派遣労働者として雇用しようとする場合はその旨

〈派遣先管理台帳の記載事項（紹介予定派遣）〉

- 紹介予定派遣である旨
- 派遣労働者を特定することを目的とする行為を行った場合には、当該行為の内容および複数人から派遣労働者の特定を行った場合には当該特定の基準
- 採否結果
- 職業紹介を受けることを希望しなかった場合または職業紹介を受けた者を雇用しなかった場合には、その理由

Q1　紹介予定派遣の派遣社員を正社員雇用しないことにしたが…

　紹介予定派遣の派遣社員を正社員雇用しないことに決定しましたが、派遣先の判断で決定しても問題ないでしょうか。

A1　紹介予定派遣期間が終了後、派遣先の判断により直接雇用をしないと決定しても問題はありません。ただし、派遣先が職業紹介を受けることを希望しなかった場合または職業紹介を受けた派遣社員を雇用しなかった場合には、派遣元の求めに応じ、それぞれのその理由を派遣元に対して書面、ファクシミリまたは電子メール等により明示しなければなりません（派遣先指針第2の18の（2））。

〈参考〉労働者派遣事業の集計結果（速報）紹介予定派遣の状況

		労働者派遣事業		
		令和元年度	令和2年度	対前年度増減比
紹介予定派遣 実施事業所	事業所数	2,292所	2,358所	(2.9%)
	割合	〈8.1%〉	〈7.4%〉	
紹介予定派遣にかかる労働者 派遣契約の派遣先からの申込 人数		85,425人	144,237人	(68.8%)
紹介予定派遣により労働者派遣 された労働者数		31,233人	26,314人	(△15.7%)
紹介予定派遣において職業紹 介を実施した労働者数		23,383人	19,836人	(△15.2%)
紹介予定派遣で職業紹介を経 て直接雇用に結びついた労働者 数		16,323人	15,333人	(△6.1%)

※（　）内は対前年度増減比（%）、〈　〉内は、労働者派遣の実績のあった事業所に占める割合
（%）

出典：厚生労働省「労働者派遣事業報告書の集計結果（速報）」（令和2年度）

（4）その他留意点

●直接雇用から労働者派遣（1年以内）は禁止

　これまで記載のとおり、労働者派遣から派遣先への直接雇用の移行については、法令上問題はなく、むしろ推奨をされていますが、実は派遣先が直接雇用をしていた従業員を労働者派遣として迎え入れることは、法令上禁止されています。

　派遣先は、元従業員（60歳以上の定年退職者を除く）を離職後1年以内に派遣元を介して派遣社員として受け入れてはなりません。これに抵触する場合は、派遣先は、速やかに労働者派遣をしようとする派遣元に通知する必要があります（労働者派遣法第40条の9）。

　また、派遣先とは、「事業者単位」で捉えることとなり、例えばある会社のA事業所を離職した労働者を同じ会社のB事業所へ派遣することは認められません（グループ企業への派遣に関しては、同一の事業者には該当しないため、離職した労働者についての労働者派遣の禁止対象にはなりません）。なお、正社員に限定されるものではなく、非正規労働者も含むものとして取り扱われています（労働者派遣法業務取扱要領第6の18(3)）。

●労働契約申込みみなし制度

　その他の留意点として、派遣先の意思にかかわらず、派遣社員を直接雇用に移行しなければならない場合があるため、派遣先としては留意が必要です。

　これを労働契約申込みみなし制度といい、派遣先が次の①から⑤までに掲げる違法派遣を受け入れた時点で、その派遣先は派遣社員に対して、その派遣社員の雇用元（派遣元）との労働条件と同じ内容の労働契約を申し込んだものとみなします（善意無過失な場合は除く）。

　また、労働契約申込みみなし制度における行政解釈は、違法派遣があった時点で、派遣先の意思にかかわらず、対象派遣社員に対し労働契約の申込みをしたものとみなされ、派遣社員が承諾の意思があった時点で労働契約が成立したものとして取り扱われることになります。

〈対象となる違法派遣〉

①	派遣社員を禁止業務に従事させること 禁止業務は、港湾運送業務や建設業務、警備業務等となります（労働者派遣法第4条）。
②	無許可事業主から労働者派遣を受けること（労働者派遣法第24条の2）
③	派遣先事業所単位の期間制限に違反して労働者派遣を受けること（労働者派遣法第40条の2） 以下の場合は対象とはなりません。 期間延長する場合の意見聴取のうち、 ア　意見聴取にあたっての過半数労働組合等への通知

	イ 意見を聴いた日や意見の内容等の書面の記載・保存 ウ イの書面記載内容の周知の義務違反 （労働者派遣法施行規則第33条の9）
④	個人単位の期間制限に違反して労働者派遣を受けること（労働者派遣法第40条の3） ●同一の派遣社員を、3年を超えて派遣先の同一の組織単位に従事させた場合
⑤	いわゆる偽装請負等 ●労働者派遣法の適用を免れる目的で、請負契約等の契約を締結し、実際に労働者派遣を受けた場合

〈労働契約申込みみなし制度の行政解釈〉

申込みを行ったとみなされる時点	違法行為の時点（違法派遣が行われた日ごとに申込みみなしの効果が発生）
労働契約の成立時点	派遣社員が承諾の意思表示をした時点
派遣社員の承諾期間	違法行為が終了した日から1年を経過する日までの間
申し込んだとみなされる労働条件	違法行為時点における派遣元と派遣労働契約と同一の条件 ●派遣労働契約が有期であれば、有期契約となる ●始期、終期も同一となる

（平成27年9月30日職発0930第13号）

対応チェックリスト（派遣社員の直接雇用）

☑	チェック項目	参照頁
☐	派遣先・元間で締結する労働者派遣契約書に定める紛争防止措置の内容に従い、直接雇用の手続を進めているか	派遣先からの直接雇用の依頼 P152～
☐	派遣元の依頼に対する派遣先の直接雇用は、必ずしも直接雇用をする必要はないこと	派遣元からの直接雇用の依頼 P154～
☐	雇用安定措置による派遣元の直接雇用の依頼の場合は、職業安定法上の職業紹介ではないことから、派遣先は同法上の職業紹介の手数料を支払う義務はないこと	派遣元からの直接雇用の依頼 P154～
☐	派遣先として義務付けられている募集の周知を当該派遣社員に実施しているか	派遣社員本人からの応募 P155～
☐	（紹介予定派遣の場合） 労働者派遣契約書や派遣先管理台帳の追記事項を記載しているか （紹介予定派遣により直接雇用をした場合） 試用期間を設けていないか	紹介予定派遣からの直接雇用 P156～
☐	P163の①～⑤の項目に該当する違法派遣を受け入れていないか	その他留意点 P160～
☐	元従業員を派遣社員（派遣先）として受け入れていないか	その他留意点 P160～

第3編

選考から採用まで

面接担当者の教育

1 採用選考の進め方

　第2編の人材募集が終わると、募集要項を見て採用を希望する応募者が自社の採用サイトやエージェントの募集サイトを通して、応募してきます。会社は、応募者が求める人材か否かを見極めるために、複数の選考方法・選考過程により採否を決定し、応募者に内々定を出します。

　一般的な採用選考方法としては、書類選考から始まり、通過した人に適性検査や筆記試験等が行われます。その後、面接選考に進み、最終面接まで進んだ人のなかで会社が採用したい人に内々定が出されます。具体的な採用選考のフローは次のとおりとなります。

●採用選考のフロー

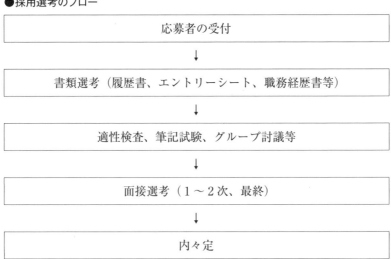

応募者の受付

↓

書類選考（履歴書、エントリーシート、職務経歴書等）

↓

適性検査、筆記試験、グループ討議等

↓

面接選考（1～2次、最終）

↓

内々定

それぞれの選考プロセスごとに確認内容や合否基準を決めておくと採用選考をスムーズに進めることができます。

2　採用面接の場とは

採用面接は会社が応募者を選ぶ場であることだけが意識されやすいものですが、面接担当者としては、会社が選ばれる場であることも忘れてはなりません。面接担当者が質問やその回答内容により求める人材か否かを見極めていると同時に、応募者も、スキルアップできる環境か否か、自分の価値観や志向性に合っているか等、会社を選んでいます。

面接担当者は、自身が会社の顔であることを意識して、話し方、態度、所作等に注意する必要があります。いわゆる「圧迫面接」といわれるような威圧的な態度で面接をすれば、会社のイメージダウンにつながります。

> 採用面接は、会社が「選び」「選ばれる」場である

3　面接担当者の役割

採用選考における採用面接は、一般的に1次面接、2次面接、役員との最終面接を経て採否を決定しています。面接担当者は、限られた時間のなかで、会社が求める人材を見極めるといった難しい役割を担っています。ところが意外にも、応募者の何を見るのか・見分けるのか、そのために面接担当者は何を質問するべきなのかが明確になっていないため、印象や態度等、主観的な要素で決めてしまうことが多いものです。

採否を決定するには、会社が求める人材か否かを見極めるための判断材料が必要です。面接担当者の役割は、応募者の資質、知識やスキル、価値

観や志向性が明らかになる質問をすることにより、応募者の本音を引き出し、人物像を把握することにあります。把握した情報と自社の求める人材像（採用基準）を照らし合わせて、採否を判断します。

●**面接担当者の役割**

> 応募者の資質、知識やスキル、価値観や志向性を明らかにすること
> （採否の判断材料を把握すること）

4 採用基準の明確化

よく採用基準としてあげられるものとして、大学卒、募集する職務の知識やスキルの保有、経験年数等がありますが、これらはシステムでいえばスペックであり、欲しい人材像は見えてきません。

採用基準は、必要とするスキルや資質、価値観や志向性等に基づいて決定します。具体的には、スキル等の基準のほか、自社が大切にしている理念や価値観、社風、職場風土のほか、実際にその職種で活躍している人材の特徴を参考に、欲しい人材の資質や仕事に対する姿勢、志向性を明確に言葉で表します。

このように採用基準が決まれば、客観的に判断するための質問事項が明確になります。

5 面接担当者の教育

採用基準を明確にしたうえで募集を開始した後は、応募者を選考する段階に入ります。応募者の選考は、採用業務においてメインとなる重要な職務です。応募者は採用面接のノウハウ本を熟読し、面接のトレーニングを

することがよくありますが、会社側の面接担当者の育成は意外と行われていません。採用のミスマッチにならないよう、会社が求める人材を見極めるための教育が必要です。

　それではどのように面接担当者の教育を行っていけばよいのでしょうか。具体的に見ていきましょう。

（1）面接前の準備

①	採用基準の再確認 　役員を含めた面接担当者間において、採用基準の再確認を行います（採用基準の認識合わせ）。 　採用基準を事前に決めておいても、面接担当者が意識していなければ、採否の判断に主観が影響しやすくなります。
②	履歴書や職務経歴書・エントリーシートの確認 ●履歴書等に目を通さずに面接をすると、場当たり的な質問になりやすく、採否決定に必要な情報が得られません。 　必ず、履歴書等には事前に目を通しておきます。 ●新卒採用において就活生は、記載内容を考えながら一定の時間をエントリーシートの作成に費やします。会社が選ばれる場でもあることを考え、必ず事前に目を通し、参考情報として活用します。
③	面接シートの作成 　場当たり的な質問にならないよう、採用基準に沿った質問事項を記載した面接シート等を作成しておきます。

（2）面接時の注意点

　採否の決定に面接担当者の主観が入ることを避けるため、面接担当者の教育を行います。

①	法的留意点の確認 　採用選考にあたっては、法令上の制約や厚生労働省の指導内容に留意します（第3編第2章参照）。
②	ハロー効果に注意 　履歴書、職務経歴書、志望動機、自己PRの内容から先入観を持ったり、

	面接時の第一印象に影響されたりしないようにします。
③	面接担当者が話し過ぎない 　面接は、応募者の本音を引き出し、人物像を把握する場です。応募者に話してもらう場であることを意識しましょう。
④	オープンクエスチョンを心がける 　イエス・ノーで答えられるクローズドクエスチョンでは、応募者の情報は把握できません。応募者が自分の考えを自由に回答できるオープンクエスチョンで質問をしましょう。
⑤	会社が「選ばれる」場であることを忘れない 　自身の立ち居振る舞いが、会社のイメージになることを心得ておきましょう。威圧的な態度や乱暴な言葉遣いは厳禁です。

応募者の選考

1 応募の受付

　採用サイトの公開や会社説明会等を行い、応募を希望する人に対して履歴書や職務経歴書等の提出を求めます。これらの書類の提出をもって応募を受け付けたことになります。

2 書類選考

　応募者が会社が求める人材か否かを見極めるには、資質やスキル等の情報が必要です。これらを採用面接だけで収集することは難しいため、事前に書類選考や適性検査等を行います。

（1）書類選考の目的

　書類選考の目的は、面接対象者を絞ることにあります。応募者全員と面接をして採否を決定できればよいのかもしれませんが、これでは膨大な時間がかかります。採用選考業務においても、求める人材をいかに効率的に採用するかといった生産性の観点は必要です。特に即戦力を求めている中途採用において、募集職種の職務内容と職務経歴の内容がかけ離れている場合等は、面接選考をするまでもなく採否が決まります。

（2）書類選考のフロー

応募書類の受付（応募書類の受領）

↓

書類選考（履歴書、エントリーシート、職務経歴書等の内容確認）

↓

合否の判断・通知（次の選考ステップに進む人・不採用になった人）

（3）応募書類の受付

　採用サイト等において、応募希望者は履歴書等を送付する旨記載し、応募書類を受付けます。一般的には、新卒採用ではエントリーシート（ES）、中途採用では履歴書および職務経歴書を応募書類として提出してもらいます。それぞれの応募書類の目的や概要は、次のとおりです。

提出書類等	利用目的等
エントリーシート	●実質的な書類選考のための資料 ●面接選考時や採否検討の参考資料・様式は会社が独自に作成
履歴書	●書類選考のための資料 ●面接選考時や採否検討の参考資料 〈様式〉 ●新規高卒者は「全国高等学校統一応募用紙」、新規中卒者は「職業相談票（乙）」の提出が必要 ●新規大学等卒は「新規大学等卒業予定者用標準的事項の参考例」に基づいた応募用紙（履歴書、自己紹介書）、または厚生労働省様式を推奨 ●一般求職者は、厚生労働省様式を推奨、その他 JIS 規格の様式あり[1]
職務経歴書	●書類選考のための資料（人材要件との比較） ●面接選考時の参考資料 ●様式は応募者本人が自由に作成 （職歴、職務内容、実績、自己 PR 等）

1　厚生労働省様式と JIS 規格様式との違い
　・厚生労働省様式では「性別」欄は任意記載とし、「通勤時間」「扶養家族数」「配偶者」「配偶者以外の扶養義務」欄は設けていない。

全国高等学校統一応募用紙

(別紙1)

(応募書類　その1)

履歴書

平成　年　月　日現在

ふりがな	
氏　名	
生年月日	昭和・平成　年　月　日生（満　歳）
	性別

写真をはる位置
(30×40mm)

ふりがな	
現住所	〒
ふりがな	
連絡先	〒

(連絡先欄は現住所以外に連絡を希望する場合のみ記入すること)

学歴・職歴	高等学校入学
	平成　年　月
	平成　年　月
	平成　年　月
	平成　年　月
	平成　年　月
	平成　年　月

（職歴には、いわゆるアルバイトは含まない）

資格等	資格等の名称	取得年月
趣味・特技		
校内外の諸活動		
志望の動機		
備考		

全国高等学校統一用紙（文部科学省、厚生労働省、全国高等学校長協会の協議により平成17年度改定）

職業相談票（乙）

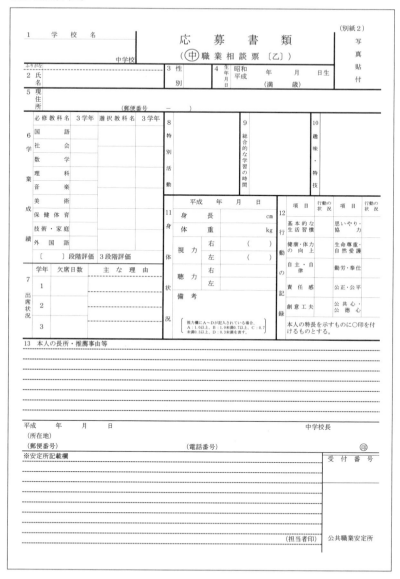

新規大学等卒業予定者用標準的事項の参考例

〈新規大学等卒業予定者用標準的事項の参考例〉

履　歴　書

令和　　年　　月　　日　現在

写真をはる位置
（30mm×40mm）

ふりがな	
氏　名	

生年月日　平成　　年　　月　　日（満　　歳）　性別

ふりがな	
現住所　〒	電話番号　　（　　）

ふりがな	
連絡先　〒（現住所以外に連絡を希望する場合のみ記入）	電話番号　　（　　）

年号	年	月	学　歴　・　職　歴

自　己　紹　介　書

大学　　　　　学部　　　　　学科

得意な科目及び研究課題	
クラブ活動・スポーツ・文化活動等	
自覚している性格	
趣　　味	
特　　技	
資　　格	
志望の動機	

（注）黒インクまたは青インクで、楷書、算用数字を使用

厚生労働省様式

履歴書

年　月　日現在

ふりがな	
氏　名	

| | 年　月　日生　（満　　歳） | ※性別 |

写真をはる位置
写真をはる必要がある場合
1. 縦
2. 本人単身胸から上
3. 裏面のりづけ

ふりがな	
現住所　〒	電話

ふりがな	
連絡先　〒 （現住所以外に連絡を希望する場合のみ記入）	電話

学歴・職歴（各別にまとめて書く）

年	月	

学歴・職歴（各別にまとめて書く）

年	月	

免許・資格

年	月	

志望の動機、特技、好きな学科、アピールポイントなど

本人希望記入欄（特に給料・職種・勤務時間・勤務地・その他についての希望などがあれば記入）

※「性別」欄：記載は任意です。未記載とすることも可能です。

JIS規格様式

履歴書

令和５年４月21日

ふりがな	
氏名	㊞

写真を貼る位置
縦 36mm×横 24mm の写真を使用してください。

昭和	年	月	日生（満 歳）	性別 男・女

ふりがな		TEL.
現住所	〒 －	携帯
		FAX.

ふりがな		TEL.
連絡先	〒 － （現住所以外に連絡を必要とする場合のみ記入）	FAX.

学歴・職歴（各別にまとめて書く）

年	月	

学歴・職歴（各別にまとめて書く）

年	月	

免許・資格

年	月	

志望の動機、特技、好きな学科など

通勤時間	約 時間 分
扶養家族（配偶者を除く）	人
配偶者	配偶者の扶養義務
有 無	有 無

本人希望記入欄（特に給料・職種・勤務時間、勤務地、その他についての希望などがあれば記入）

（4）情報収集に関する法的留意点

　選考過程において応募者の情報を収集するにあたり、法令上の制限等があるため、その取扱いには注意します。

Q1　**エントリーシートでたずねてはいけないことを聞いてしまったが…**

　当社には労働組合がないこともあり、エントリーシートに労働組合への加入履歴について記載させています。また、女性の様式のみ女性の活躍を推進する目的で「出産・育休後の就業継続について」といった欄を設け、出産後の就業継続の意思確認や産休や育休後のキャリア形成をどのように考えているかを確認しています。採用選考において収集できる情報には範囲が定められていると聞いたのですが、これらの情報収集は問題ないでしょうか。

A1　労働者を募集する者は、その業務の目的の達成に必要な範囲内で、求職者等の個人情報を収集しなければならないとされています（職業安定法第5条の5第1項）。さらに収集する情報において、労働組合への加入状況は、原則、収集できない情報とされているほか、労働組合に加入していないことを雇用条件とすることは禁止されています（職業紹介事業者指針第五1（二）ハ、労働組合法第7条第1号）。また、労働者の採用選考において、性別により異なる取扱いをすることは禁止されています（男女雇用機会均等法第5条）。

　ご質問のケースにおいて、「労働組合の加入」欄は、原則、収集できない情報とされているため、例外的な扱いに該当しない限りは、様式から削除する必要があります。また、女性

のみ産休・育休後の就業継続欄等があることは、男女で異な
る選考基準を設けることになり、男女雇用機会均等法に違反
しますから、男女で同じ様式にする必要があります。なお、
採用面接において、女性にのみ産休・育休後の就業継続につ
いて質問することも違法になりますから注意しましょう。

① 採用の自由

　法律等による規制がない限り、会社には採用の自由があります。この自
由は、雇入れの人数決定の自由、募集方法の自由、選択の自由、契約の自
由、調査の自由に分けることができます[2]。

　このうち調査の自由により、募集採用する会社は、採否の判断材料とし
て応募者から一定の情報について申告を求めることができます。ただし、
法律等による規制のほか、応募者の人格的尊厳やプライバシーの観点から、
情報収集は社会通念上妥当な方法で行う必要があり、情報の範囲は応募者
の職業上の能力・技能や従業員としての適格性に関連した事項に限られる
と考えられています[3]。

三菱樹脂事件：昭和48年12月12日最大判・民集27巻11号1536頁

〈概略〉

　Xは、管理職要員として大学卒業と同時にYに採用され、試用期
間3カ月が終わる直前に本採用できない旨を告知された。その理由は、
採用選考時に提出した身上書において違法な学生運動に従事していた
事実を記載せず、面接時も学生運動に参加していないと虚偽の回答に

2　菅野和夫『労働法』（弘文堂［第12版］2019）223～226頁
3　菅野和夫『労働法』（弘文堂［第12版］2019）226頁

より事実を秘匿し、これら行為は管理職要員としての適格性を否定するといったものだった。Xは、Yによる本採用拒否は、憲法で保障されている思想・信条の自由を侵害するものであり、また労働基準法の思想・信条による差別禁止に違反する等として、雇用契約上の権利確認等を求めて提訴したもの。

　この本採用拒否は、採用選考時の虚偽申告（提出書類や質問に対する回答）という従業員としての適格性を欠く行為を理由に行われ、思想・信条を理由に拒否されたものではありませんが、虚偽申告の内容が労働者の思想・信条に関するものであったため、憲法や労働基準法に違反するか否かが問われました。

●判決要旨１（採用の自由）

　企業には、契約の自由があり、法律その他による特別の制限がない限り、自由に採否や条件を決めることができ、思想・信条を理由とする雇用拒否も違法ではないとしています。具体的には、次のとおり判示しています。

「憲法は、思想、信条の自由や法の下の平等を保障すると同時に、他方、22条、29条等において、財産権の行使、営業その他広く経済活動の自由をも基本的人権として保障している。それゆえ、企業者は、かような経済活動の一環としてする契約締結の自由を有し、自己の営業のために労働者を雇傭するにあたり、いかなる者を雇い入れるか、いかなる条件でこれを雇うかについて、法律その他による特別の制限がない限り、原則として自由にこれを決定することができるのであつて、企業者が特定の思想、信条を有する者をそのゆえをもつて雇い入れることを拒んでも、それを当然に違法とすることはできないのである。」

●判決要旨２（労働基準法の差別禁止は雇入れ後の制限）

> 労働基準法第3条における労働者の信条による賃金その他の労働条件
> の差別禁止は、雇入れ後の制限であり、雇入れそのものを制約する規
> 定ではないとしています。

●実務上の留意点

　会社の採用の自由は、前記最高裁判決（三菱樹脂事件）により、法律そ
の他による特別の制限がない限り、原則自由とされています。しかし、こ
の判決後に複数の法令により採用時の差別が禁止されていますから、採用
選考活動をする際は十分に注意しましょう。

法律	採用に関する規制内容
個人情報保護法	個人情報の収集・利用・保管等の規制
職業安定法	選考情報の収集範囲・方法等の規制
男女雇用機会均等法	性別による採用差別禁止
労働施策総合推進法	例外を除いて年齢による採否基準の禁止
労働組合法	労働組合非加入の雇用条件禁止
障害者雇用促進法	採用機会の均等付与 求められた場合の合理的配慮の提供義務
労働者派遣法	派遣可能期間を超える場合は直接雇用の申込みがあったとみなす制度

② 個人情報保護法による規制

　個人情報とは、生存する個人の情報であって、氏名や生年月日等により
特定の個人が識別できるもので、個人識別符号（DNAやパスポート番号等）
が含まれるものとされています（個人情報保護法第2条第1項）。

　会社が応募者から収集する情報は、個人情報に該当するため、個人情報
保護法の規制を受けます。個人情報を取得する際は、利用目的を明示し、
その目的の範囲内で利用しなければなりません（個人情報保護法第17条、

第18条、第21条）。また、病歴や健康診断結果等の要配慮個人情報を取得する場合は、原則として本人の同意を得る必要があります（個人情報保護法第20条）。

③ 職業安定法による制限

●利用目的の明示

　労働者の募集を行う者は、応募者の個人情報がどのような目的で収集・保管・使用されるのか、応募者が一般的かつ合理的に想定できる程度に具体的に明示することとされています（職業安定法第5条の5第1項、職業紹介事業者指針第五1（一））。

　漠然と「採用選考のために使用します。」と示すだけでは足りず、例えば「書類選考や面接日程等の連絡をするために使用します。」といった内容を示すことが考えられます。

●明示方法

　インターネットの利用その他の適切な方法により行うこととされています。自社のホームページ等に掲載するほか、書面の交付やメール等の利用による明示方法が考えられますが、いずれにしても応募者に理解される方法を選択する必要があります（職業安定法施行規則第4条の4、職業紹介事業者指針第五1（一））。

●収集の範囲

　労働者の募集を行う者は、その業務の目的の達成に必要な範囲内でその利用目的を明らかにして、求職者等の個人情報を収集しなければならないとされています（職業安定法第5条の5第1項）。

　また、次のアからウの個人情報は、原則、収集することはできないとされています。例外的に、特別な職業上の必要性が存在すること、その他業務の目的の達成に必要不可欠であって、収集目的を示して本人から収集する場合に限り、収集することが認められています（職業紹介事業者指針第

五1（二）および業務運営要領[4]）。

原則、収集できない個人情報	具体例
ア　人種、民族、社会的身分、門地、本籍、出生地その他社会的差別の原因となるおそれのある事項	家族の職業、収入、本人の資産等の情報（税金、社会保険の取扱い等労務管理を適切に実施するために必要なものを除く）
イ　思想および信条	人生観、生活信条、支持政党、購読新聞・雑誌、愛読書
ウ　労働組合への加入状況	労働運動、学生運動、消費者運動、その他社会運動に関する情報

●収集方法

　次のいずれかの方法等で、適法かつ公正なものによらなければならないとされています（職業紹介事業者指針　第五1（三））。

●本人から直接収集する
●本人の同意の下で本人以外の第三者から収集する
●本人により公開されている個人情報を収集する

　また、高等学校、中等教育学校または義務教育学校の新規卒業予定者から応募書類の提出を求める場合は、厚生労働省職業安定局長の定める書類[5]により提出を求めることが必要とされています（職業紹介事業者指針第五1（四））。

●リファレンスチェックを行う場合の留意点

　リファレンスチェックとは、採用募集する会社が応募者の同意を受けた

4　令和5年4月1日から適用される職業紹介事業の業務運営要領
5　新規高卒者は「全国高等学校統一応募用紙」、新規中卒者は「職業相談票（乙）」

うえで、応募者の前職・現職の上司や同僚に対し、応募者の経歴や勤務状況を問い合わせることをいいます。

目的	●採否の判断材料の収集（仕事ぶりの実態確認） ●ネガティブチェック（経歴詐称やマイナス要素となる勤務実態）
確認内容	●経歴（在籍の有無・期間、職務内容、実績、懲戒処分の有無、退職理由） ●勤務状況や勤務態度
法的留意点	●確認内容の情報は、応募者の個人情報に該当する。 ●応募者の個人情報を前職等の第三者から収集する場合も、個人情報保護法や職業安定法の規制を受ける。 ●リファレンスチェックを行う場合は、事前に本人の同意を得る必要がある（個人情報保護法第27条、職業紹介事業者指針第五1（三））。 ●リファレンスチェックの照会を受けた前職等の会社は、採用募集する会社や委託を受けた業者に応募者の個人情報を提供することは第三者提供にあたるため、本人の同意を受けているか確認をする必要がある。 ●「原則、収集できないとされる個人情報」は収集しない。 （差別につながる情報、思想・信条、組合加入等） （業務上の必要性がある場合でも本人から直接収集する必要があるため、リファレンスチェックにより収集することはできない（職業紹介事業者指針第五1（二）） ●労働契約が成立するといわれる内定前までに実施する。
同意の取付方法	●書面やメール等、記録が残る方法（トラブル回避）

④ 男女雇用機会均等法による差別禁止

　男女雇用機会均等法では、募集・採用に係る性別を理由とする差別を禁止し、男女均等な取扱いを求めています（男女雇用機会均等法第5条）。ただし、次のア、イのいずれかに該当する場合は、性別を理由とする差別の例外として、法違反にはならないとされています（性別を理由とする差別禁止等に関する指針　第二14）（第2編第1章2（1）参照）。

　ア　業務の遂行上、一方の性でならなければならない職務等

　イ　男女の均等な機会・待遇の確保の支障となっている事情を改善する

ために、事業主が、女性のみを対象とするまたは女性を有利に取り扱う措置（ポジティブアクション）

また、業務上の必要性等、合理的な理由がない場合に、募集・採用において、労働者の身長・体重・体力を要件とすること、募集・採用、昇進、職種の変更をする際に、転居を伴う転勤に応じること等を要件とすることを、間接差別として禁止しています（男女雇用機会均等法第7条）（第2編第1章2⑴参照）。

●性別を理由とする差別

ア　募集または採用の対象から男女のいずれかを排除すること

イ　募集または採用の条件を男女で異なるものとすること

ウ　採用選考において、能力・資質の有無等を判断する方法や基準について男女で異なる取扱いをすること

エ　募集または採用にあたって男女のいずれかを優先すること

オ　求人の内容の説明等募集・採用にかかる情報の提供について、男女で異なる取扱いをすること

選考の段階においては、女性についてのみ、未婚者であることや自宅通勤であること、出産後も就業を継続すること等、別の条件を設けることは、採用条件を男女で異なるものとしており、違法となります。

●間接差別

ア　募集・採用にあたって、労働者の身長、体重または体力を要件とすること

イ　労働者の募集・採用にあたって、転居を伴う転勤に応じることができることを要件とすること

⑤　労働施策総合推進法による規制

募集・採用において、例外事由に該当する場合を除いて、年齢制限をすることはできません（第2編第1章参照）。

Q2 独自のエントリーシート欄に対して、書きたくないという応募者が現れたが…

　当社では、長く働いてもらう社員を採用するにあたり、家族構成を知っておくことは必要だと考え、エントリーシートに家族構成欄を設けています。今回、応募者から家族の構成について記入したくないという連絡が入りました。会社としては記入してもらいたいのですが、強制することはできないでしょうか。

A2 　応募者が募集会社に対して家族構成を提供しなければならないとする法的な義務はありません。したがって情報提供を強制することはできません。また、厚生労働省では、就職の機会が均等に与えられるよう、応募者の適性や能力と関係のない家族状況等について情報収集しないよう求めています。

　ご質問のケースにおいては、応募者に家族構成欄の記入を強制することはできませんから、応募者の申し出を受け入れるほかありません。なお、本来、家族構成は、職務に必要な適性や能力に関係ない事項であることを踏まえ、記入しなかったことを理由として不合格にすることのないよう留意しましょう。

⑥ 厚生労働省による指導

　厚生労働省では、就職差別のない公正な採用選考活動が行われるよう、指導事項として採用選考の基本的な考え方や採用選考時に配慮すべき事項を具体的に示しています。これらも参考にして、公正な採用選考活動をし

ましょう[6]。

●公正な採用選考の基本的な考え方

　ア　採用選考の基本的な考え方

　　●応募者の基本的人権を尊重すること

　　●応募者の適性・能力に基づいた採用基準により行うこと

　イ　公正な採用選考の基本

　　●応募者に広く門戸を開くこと（就職の機会均等の実現）

　　●求人職種に必要な適性・能力に基づいた採用基準とすること

●採用選考時に配慮すべき事項

　適性・能力に関係のない事項を応募用紙等に記載させたり、面接で尋ねたりすることや、合理的必要性のない健康診断を実施すること等は、就職差別につながるおそれがあります。

〈就職差別につながるおそれがある14事項〉

配慮する項目	具体的な内容
本人に責任のない事項の把握	●本籍・出生地に関すること[7] ●家族に関すること（職業・続柄・健康・病歴・地位・学歴・収入・資産等） ●住宅状況に関すること（間取り・部屋数・住宅の種類・近隣の施設等） ●生活環境・家庭環境等に関すること
本来自由であるべき事項の把握	●宗教に関すること ●支持政党に関することの把握 ●人生観・生活信条等に関すること ●尊敬する人物に関すること ●思想に関すること ●労働組合（加入状況や活動歴等）、学生運動等の社会運動に関すること ●購読新聞・雑誌・愛読書等に関すること

6　出典：厚生労働省「公正な採用選考について」（https://www.mhlw.go.jp/www2/topics/topics/saiyo/saiyo.htm）

7　「戸籍謄（抄）本」や本籍が記載された「住民票（写し）」を提出させることが該当します。

採用選考の方法	●身元調査等[8]の実施 ●本人の適性・能力に関係ない事項を含んだ応募書類の使用 ●合理的・客観的に必要性が認められない採用選考時の健康診断の実施

（5）書類選考

●人材要件の明確化

　事前に募集職種等により人材要件を明確にしたうえで応募書類の内容を確認します。実務上は、言語化された書類の情報だけで判断できない部分もありますから、明らかに求める人材とかけ離れている場合以外は、面接で情報収集したうえで判断するといった方法がよいでしょう。

●書類選考

採用区分		一般的な確認事項
共通	自己 PR	わかりやすい内容か否か
	基礎スキル	誤字・脱字、文章作成スキル、言葉遣い等
新卒採用		●学生時代の活動内容が求める人材とマッチするか
中途採用		●求める職務内容に必要な知識やスキル、職務経験等の有無、経験年数、職務経歴の一貫性 ●職務経歴の内容 　成果につながった職務行動の記載とその内容 　（募集職種において成果をあげられる人材か否か） 　（業務や成果の羅列のみでは成果をあげる人材か判断不可） ●志望動機の内容 　経験、実績、能力等をどう募集職種に活かすかの記載 　（抽象的な動機では内定辞退になりやすい） 　（面接により強い志望動機に変わることはある） ●価値観や志向性と自社の理念や社風との相性

8　「現住所の略図等」は、生活環境等の把握や、身元調査につながる可能性があります。

エントリーシート

＜エントリーシートの例＞

氏名		性別	生年月日		
住所					
帰省先住所					
携帯番号		e-mail			
高校	●●高等学校		●年●月入学		
			●年●月卒業		
大学	●●大学●●学部●●学科		●年●月入学		
			●年●月卒業		
大学院	大学大学院 　　　研究科　　専攻		年　月入学 　年　月卒業		
サークル活動					
アルバイト					
学生時代に力を入れたこと					
自己PR（自分の強みや長所）					
志望動機					
当社でやってみたい仕事は					

職務経歴書

職務経歴書

●●●●年●月●日

氏名

＜職務要約＞
・・・・・・・・・・・・・・・・・・・・・・・・・・・・・・・・・・
・・・・・・・・・・・・・・・・・・・・・・・・・・・・・・・・・・
・・・・・・・・・・・・・・・・・・・・・・・・・・・・・・・・・・

＜職務経歴＞
●●●株式会社（●●●●年●月●日～●●●●年●月●日）
　・事業内容　・・・・・・・・・・・・・・
　・資本金・売上・従業員数・雇用形態等
　◆業務内容

XXXX.X.X～ 現在まで	配属　・・・・　　　　職位　・・　部署人数　・・・ 主な業務内容 ・・・・・・・・・・・・・・・・・・・・・・ 主な実績 ・・・・・・・・・・・・・・・・・・・・・・
XXXX.X.X～ XXXX.X.X	配属　・・・・　　　　職位　・・　部署人数　・・・ 主な業務内容 ・・・・・・・・・・・・・・・・・・・・・・ 主な実績 ・・・・・・・・・・・・・・・・・・・・・・

＜活かせる経験・知識・技能＞
・・・・・・・・・・・・・・・・・・・・・・・・・・・・・・・・・・

＜能力や長所＞
・・・・・・・・・・・・・・・・・・・・・・・・・・・・・・・・・・

＜自己PR＞
・・・・・・・・・・・・・・・・・・・・・・・・・・・・・・・・・・

（6）合否の通知

●選考を継続する人

　書類選考の結果、次の選考ステップ（適性検査等と面接）に進む応募者には、その旨をメール等で連絡します。その際は、面接の候補日と連絡期限も一緒に伝えます。

　一方で、面接を辞退する旨の連絡が入ることがあります。その際は、面接辞退の了承、応募のお礼、応募書類の扱いについて連絡します。

●不採用とする人

　不採用者には、速やかに誠意をもって対応することが重要です。不誠実な対応は、応募者とのトラブルや企業評価サイトへの投稿リスク等がありますから、十分に留意します。

〇〇〇〇年〇月〇日

〇〇〇〇様

株式会社〇〇〇〇
人事部

採用選考の結果について

　拝啓　貴殿におかれましてはご清祥のことと存じます。この度は当社の社員採用の募集にご応募いただきまして、ありがとうございました。
　慎重な選考の結果、誠に残念ではございますが、この度は採用を見送らせていただくこととなりました。ご希望に沿えず申し訳ございませんが、あしからずご了承ください。
　履歴書等のご提出書類は、ご返却致します。〇〇様の今後のご健勝を心よりお祈り申し上げます。
　略式ながら書中にてご通知申し上げます。

敬具

　標題は「不採用通知」とはせず「採用選考の結果」とします。内容は、応募のお礼、不採用となったこと、応募書類の扱いの順で通知します。

対応チェックリスト

☑	チェック項目	参照頁
☐	新規高卒者および新規中卒者は、指定された様式で提出しているか	履歴書の様式 P172～
☐	応募者の個人情報の利用目的を具体的に明示（一般的かつ合理的に想定できる程度）しているか	利用目的の明示 P182～
☐	応募者の個人情報の利用目的はインターネットの利用その他適切な方法で行っているか	利用目的の明示方法 P182～
☐	原則、収集できない個人情報を収集しようとしていないか（エントリーシートや独自の提出書類）	情報収集の範囲 P182～
☐	情報収集は、募集する業務の目的の達成に必要な範囲内となっているか	情報収集の範囲 P182～
☐	情報収集は適法かつ公正な方法により収集しているか（本人からの直接収集、本人同意による第三者からの収集、公開情報の収集等）	情報収集の方法 P183～
☐	自社がリファレンスチェックを実施する場合は、事前に本人同意を取得しているか	リファレンスチェックの留意点 P184～
☐	元社員に対する照会を受けた場合は、事前に本人同意を受けていることを確認しているか	リファレンスチェックの留意点 P184～
☐	リファレンスチェックにより原則、収集できない個人情報の取得をしていないか（本人から直接収集する必要がある）	リファレンスチェックの留意点 P184～
☐	募集・採用の対象から例外事由を除き、男女のいずれかを排除することや優先していないか	性別を理由とする差別（直接差別） P185～
☐	募集・採用において合理的理由なく身長・体重・体力を要件とすることや、転勤要件を課していないか	間接差別禁止 P185～

☐	募集・採用において障害者であることを理由とする差別をしていないか	障害者差別の禁止 P29〜
☐	募集・採用において障害者から申出を受けた場合は、過度な負担にならない範囲で合理的配慮を提供しているか	障害者差別の禁止 P30〜
☐	募集・採用において例外事由に該当しない年齢制限を行っていないか	年齢制限の禁止 P185〜

3 適性検査・筆記試験

　書類選考を通過した応募者は、一次選考に進みます。一次選考は、一般的に面接のほか適性検査や筆記試験等を行います。これら適性検査等は、面接では見えにくい領域（基礎的能力、仕事の適性、組織人としての適性等）を測定するために行うものです。

（1）適性検査

　適性検査の内容は、大きく「能力検査」「パーソナリティ検査」に分かれます。適性検査には様々なツールがありますが、使用する目的と用途を明確にしたうえでツールを選定するようにしましょう。また、対策本が出版されているツールもあるため、応募者が準備していることも考慮して結果を分析します。

●適性検査の目的と用途

目的	●知的能力の測定 ●募集する職務とのマッチング ●自社とのマッチング ●ストレス耐性の測定 ●コミュニケーション能力の測定
用途	●採用選考における判断材料の一つ ●結果を踏まえて面接に活用（面接で本質を深堀り） ●人材育成

（2）筆記試験

　適性検査の他に筆記試験を実施する会社は多くないようです。実施する場合のテーマとしては、新卒採用なら一般常識や時事問題、中途採用なら募集する業務に関する知識等が一般的です。なお、本人に責任のない事項や本人の思想・信条に関する事項は不適切なテーマとなります。

また、論文形式の筆記試験を実施する場合は、テーマに対する考え方、論理的思考、文章力、論文記載に必要な知識の程度を見ます。

Q3 採用選考時に健康診断書の提出を拒否されてしまったが…

　面接時の持参書類として、健康診断書を依頼していましたが、応募者から個人情報なので提出したくないと言われました。会社としては、入社後に通常の勤務ができる健康状態であるか確認したいのですが、提出を強制することはできないでしょうか。

A3 　健康診断結果は、個人情報保護法の「要配慮個人情報」にあたり、法定健康診断等の例外事由に該当しない限り、事前に本人の同意を得て収集しなければならないとされています（個人情報保護法第20条2項）。

　法定の健康診断には、労働安全衛生法で定める雇入れ時の健康診断（労働安全衛生規則第43条）等があります。雇入れ時の健康診断は、常時使用する従業員を雇入れた場合に、入社後の配置や健康管理に役立てるために実施しています。

　ご質問のケースにおいて、採用選考時に会社が応募者に求める健康診断は、法定の雇入れ時の健康診断には該当しません。したがって、健康診断の結果である要配慮個人情報は、事前に応募者の同意を得ていないと収集することはできないため、応募者に対して提出を強制することはできません。

●要配慮個人情報

個人情報のうち、不当な差別、偏見その他の不利益が生じないように、

195

その取扱いに特に配慮を要するものとして、次の①から⑪までの記述等が含まれるものをいいます（個人情報保護法第2条第3項、同法施行令第2条、同法施行規則第5条）。

① 人種

② 信条

③ 社会的身分

④ 病歴

⑤ 犯罪の経歴

⑥ 犯罪により害を被った事実

⑦ 身体障害、知的障害、精神障害（発達障害を含む）その他の個人情報保護委員会規則で定める心身の機能の障害があること

⑧ 医師等により行われた疾病の予防および早期発見のための健康診断その他の検査⁹

⑨ 健康診断結果に基づき、または疾病、負傷その他の心身の変化を理由として、本人に対して医師等により心身の状態の改善のための指導または診療もしくは調剤が行われたこと

⑩ 本人を被疑者または被告人として、逮捕、捜索、差押え、勾留、公訴の提起その他の刑事事件に関する手続が行われたこと（犯罪歴を除く）

⑪ 本人を少年法に規定する少年またはその疑いのある者として、調査、観護の措置、審判、保護処分その他の少年の保護事件に関する手続が行われたこと

●要配慮個人情報の取得

要配慮個人情報を取得するには、例外事由を除いて、事前に本人の同意

9　労働安全衛生法に基づいて行われた健康診断の結果、同法に基づいて行われたストレスチェックの結果等のほか、事業主や保険者が任意で実施する人間ドックや検査結果等も該当する。

を得なければなりません（個人情報保護法第20条第2項）。例外事由は、法令に基づく場合や、人の生命、身体、または財産の保護のために必要がある場合で本人同意を得ることが困難である場合等があります（個人情報保護法第20条第2項各号）。

　したがって法に基づいて行われた健康診断の結果を取得する場合は、本人の同意を得る必要はありません。なお、法に基づく健康診断は健診項目が定められているため、任意の健診項目がある場合は、その結果を収集するには本人の同意が必要になります。

●要配慮個人情報の第三者提供

　要配慮個人情報の第三者提供には、原則として本人の同意が必要となります（個人情報保護法第20条第2項、27条第1項）。例外事由は、法令に基づく場合や、人の生命、身体、または財産の保護のために必要がある場合で本人同意を得ることが困難である場合等があります。

　例えば、人の生命にかかわる場合であれば、本人の急病その他の事態が生じたときに、本人の血液型や家族の連絡先を医師や看護師に提供する場合等が該当します。

●健康診断情報の取得

　採用選考過程における健康診断を禁止する法律はありませんが、募集職種や職務内容により合理的・客観的に必要性のある健診に限り、許容されます。判例（B金融公庫B型肝炎ウィルス感染検査事件：平成15年6月20日東京地判・労判854号5頁）においても、健康診断の実施は予定される労務提供の内容に応じて、その必要性を肯定できるとしています。

　ただし、業務上必要とされない健診項目は、プライバシー侵害となる可能性があります（警察学校・警察病院HIV検査事件：平成15年5月28日東京地判・判夕1136号114頁）。厚生労働省の「公正な採用選考をめざして」においても、合理的・客観的に必要性が認められない採用選考時の健康診断は、就職差別につながるおそれがあるとしており、健診項目についても

十分注意が必要です。

●採用選考時の健康診断と雇入れ時の健康診断

　採用選考時の健康診断と労働安全衛生法第66条を根拠とする雇入れ時の健康診断を混同されていることがよくあります。雇入れ時の健康診断は、常時使用する労働者を雇い入れた際の適性配置や、入職後の健康管理に資するための健康診断で、採用選考時の健康診断とは異なります。したがって、採用選考時の診断結果は、法令に定める健康診断ではないため、利用目的を明示したうえで事前の本人同意を得て取得しなければならない要配慮個人情報となります。

対応チェックリスト

☑	チェック項目	参照頁
☐	原則、収集できない個人情報を筆記試験のテーマにしていないか（私の生い立ち、私の家庭、尊敬する人物等、家族環境や思想・信条の把握による就職差別につながるテーマ選定）	筆記試験のテーマ P194〜
☐	採用選考時に健康診断書の提出を求める場合は、事前に本人同意を取得しているか	健康診断書の提出 P197〜
☐	業務上の必要性もなく就職差別につながるおそれのある健診項目を含んだ健康診断を実施していないか（プライバシー侵害のリスクあり）	採用選考時の健康診断の実施 P198〜

4　グループワーク・集団討論・面接

　グループワークや集団討論は、新卒採用において多くの就活生から面接対象者を絞り込むために実施されています。一方、中途採用の場合は、書類選考に合格した人を対象に、適性検査等と一次面接を一緒に行います。

（1）グループワークと集団討論

　グループワークとは、新卒採用やインターンシップ等で実施されるワーク形式の選考方法です。集団討論は、与えられたテーマで議論を交わす形式の選考方法です。いずれの方法も複数の集団を同時進行で評価するため、多くの学生を一度に効率的に選考できるメリットがあります。

	グループワーク	集団討論
概要	5〜6人位のグループで、事前に設定したテーマに沿って、話し合いや共同作業により、結論や何らかの成果物を発表する。	4〜8人位のグループで、与えられたテーマに沿って議論する。
違い	発表する結論や成果物をだすために議論をする。	話合いの結果をまとめて結論をだす。
効果（目的）	実際の業務に近いテーマを設定することで参加者の実践的な能力や特徴が評価できる。	時間内に合意形成をはかるための貢献が評価できる（コミュニケーション能力、主体性、協調性等）。
留意点	テーマ設定により、評価要素は異なる。目的にあったテーマ・ワークの形式にする。	発言者だけが目立つが、合意形成のための役割貢献を評価する。

●テーマ例

グループ ワーク	①プレゼン型 ●課題解決型：明確な答えがないものの課題解決 ●選択型　　：議論過程で優先順位をつけて結論づけ ●ビジネス型：実際のビジネスで起こりうる課題解決 ②作業型 ●企業の商品キャラクターを作る ●商品PRの動画を作る　　　　　　　等
集団討論	当業界の10年後、当社の新商品

●グループワークのポイント

☐　感覚評価にならないよう、具体的な評価方法を決める。

　　●何となく発言が多い人、発言内容が良かった人を評価　×

　　●趣旨が明確な人、整理して伝えている人を評価　○

☐　評価したい要素に応じたテーマ設定をする。

　　●自社が重視する価値観を評価したい

　　　→選択型のテーマを設定

　　　（例：エンゲージメント効果のある制度はどちらか）

　　●論理的思考を評価したい

　　　→数量調査が難しい「フェルミ推定」を使う課題解決テーマ

　　　（例：電車の1車両に何人の人が乗れるか）

●集団討論のポイント

☐　討論の過程を見る（結論ではない）。

☐　与えられた役割を適切に遂行しているか。

> ●リーダー（時間内に結論をだすための進行、まとめ）
>
> ●タイムキーパー(時間内に結論をだすための過程毎の時間管理)
>
> ●発表者（結論や理由等のわかりやすい意見発表）
>
> ●書記（議事内容の正確な把握・記載、フィードバック）
>
> ●メンバー（提案、賛成、発言の後押し、話題の提供等）

□　適切な態度で議論に参加しているか。

　●反論は、相手の意見を受入れたうえで反論・相違点を伝える。

　●相手を批判・攻撃しない。

　●議論に集中している（メモに集中、腕組み、肘をつく、髪の毛をいじる等していないか）。

　●真摯に参加者の話を聞いている。

（2）面接

① 質問内容

　一般的には、志望動機、募集職務に関するスキルや実績に関する確認、強みや長所、労働条件の確認等に関するやりとりを通じて、応募者の理解力、判断力、コミュニケーション能力等、提出書類や適性検査等ではわからない適性や能力を判断する材料を収集する場とします。

　また、面接の場は、選ばれる場であることも留意して、面接者の態度や言動にも注意します。

② オンライン面接

　オンライン面接では、対面の面接と違い、事前の準備やオンライン面接ならではの留意点があります。

　文部科学省の「2024（令和6）年度卒業・修了予定者等の就職・採用活

動に関する要請等について」では、学生がオンラインであっても対面と同様に不公平・不公正な扱いを受けることなく、安心して就職活動に取り組める環境を整えることが重要だとしています。オンラインの活用について要請している事項は次の通りです。

オンラインによる企業説明会や面接・試験を実施する場合には、その旨を積極的に情報発信すること。特に、遠隔地の学生に対して、オンラインでの実施を積極的に検討し、そうした機会を提供している場合には、積極的に周知すること。

通信手段や使用ツールなど、どのような条件で実施するかについて事前に明示し、学生が準備する時間を確保すること。

通信環境により、音声・映像が途切れる場合には、学生が不安にならないよう対応すること。

オンライン環境にアクセスすることが困難な学生に対しては、対面や他の通信手段による企業説明会や面接・試験等も併せて実施すること。

●オンライン面接ならではの留意点

PCの画面越しでは応募者の表情が読み取りづらく、対話の間や空気感等、対面の面接よりも意思疎通が難しくなります。面接担当者も質問等が伝わりやすいよう、対面よりも声量は大きめに、言葉のスピードも落とします。オンライン面接であっても、選び・選ばれる場であることを忘れずに目線や姿勢等にも注意します。

また、通信環境は事前に確認しておきます。

Q4 WEB 採用面接において応募者の録画を禁止したいが…

　当社は、一次面接を中心に採用面接を WEB 上で実施しています。先日、学生から自分の受け答えの振返りとして面接を録画したいという申出を受けました。会社としては、質問内容が流出する恐れもあり、断りたいと考えていますが、申し出に応じる必要はあるでしょうか。また、今後は応募者による採用面接のほか、当社施設内における録画や録音も禁止したいと考えています。このような禁止ルールを設けることは法的に問題ないでしょうか。

A4 　採用面接時の質問内容や質疑応答のやりとりを見れば、その会社の採用基準や面接手法のほか、会社の実情がある程度わかります。これらが SNS により公開される、あるいは同じ会社に応募している知人等に知られることにより、面接対策等が可能になり、面接による採用選考が機能しなくなるおそれがあります。したがって採用面接の録画を禁止することをルール化することには、その目的および必要性に合理性があり、いずれも可能と考えられます。

　上記のことからご質問のケースにおいて、学生の申し出を断ること、および採用面接の録画を禁止するルールを設けることは可能です。なお、禁止ルールを設ける場合は、法的拘束力をもたせるために、録画しないことを会社と応募者の合意事項にします。こうすることで違反した場合に損害賠償請求や事案により内定取消等の措置をとることができます。

●採用面接の録画禁止の可否

WEB面接のシステム上、面接を録画することは可能ですが、質問内容が流出する恐れがあります。採用面接時の質問内容、その後の質疑応答のやり取りを見れば、その会社の具体的な採用基準や面接手法等がある程度わかります。これらがSNSへの投稿等により、広く公開されることで、面接対策等が可能になり、面接による採用選考が機能しなくなるおそれがあります。特に新卒採用のように同じ時期に多くの応募者が採用面接を受ける場合、公正な採用選考ができないおそれがあり、その影響は見逃せないものとなります。

これらに加え、施設管理・情報管理の観点からも、採用面接の録画を禁止することには、その目的および必要性には合理性があり、録画を禁止することや禁止をルール化することは可能だと考えられます。

●録画禁止ルールを設ける場合の留意点

会社側が録画禁止ルールを一方的に通知していても、勝手に録画され、SNSに投稿される可能性があります。特に不採用になった応募者であればそのリスクは高くなるかもしれません。まだ労働契約の関係にない応募者に対して、一方的に録画禁止を義務付けることはできないと考えられます。このため禁止ルールに法的拘束力を持たせるには、録画しないことを会社と応募者との合意事項にしておきます。

合意を得る具体的な方法としては、応募書類等を提出させる段階で誓約書を取り付ける、一次面接の連絡をする際に録画禁止に合意した人に限り面接を実施する旨を通知し、合意する場合は誓約書を取り付けること等が考えられます。

また、これら書面等による合意事項には、面接室への録画・録音機能のある機器類の持込みを禁止することも加え、より実効性のある対応ができるようにします。

③ 対面の面接

　会社には、法律その他による特別の制限がない限り、採用の自由の一環として調査の自由がありますが、応募者の人格やプライバシーを侵害するような質問をすることはできません。

●**面接で配慮すべき質問とは（できない質問内容）**

　適性・能力に関係のない事項を面接で尋ねることは、就職差別につながるおそれがあります。

〈就職差別につながるおそれがある14事項〉

配慮する項目	具体的な内容
本人に責任のない事項の把握	●本籍・出生地に関すること[10] ●家族に関すること（職業・続柄・健康・病歴・地位・学歴・収入・資産等） ●住宅状況に関すること（間取り・部屋数・住宅の種類・近隣の施設等） ●生活環境・家庭環境等に関すること
本来自由であるべき事項の把握	●宗教に関すること ●支持政党に関することの把握 ●人生観・生活信条等に関すること ●尊敬する人物に関すること ●思想に関すること ●労働組合（加入状況や活動歴等）、学生運動等の社会運動に関すること ●購読新聞・雑誌・愛読書等に関すること
採用選考の方法	●身元調査等[11]の実施 ●本人の適性・能力に関係ない事項を含んだ応募書類の使用 ●合理的・客観的に必要性が認められない採用選考時の健康診断の実施

●**精神疾患の既往歴の確認**

　会社には採用の自由がある一方、一度採用すれば、いつでも自由に解雇できるものではなく、客観的に合理的な理由を欠き、社会通念上相当と認

10　「戸籍謄（抄）本」や本籍が記載された「住民票（写し）」を提出させることが該当します。
11　「現住所の略図等」は、生活環境等の把握や、身元調査につながる可能性があります。

められない場合でなければ、労働者を解雇することはできません（労働契約法第16条）。そのため、業務の目的の達成に必要な範囲内で、採否を決めるために一定の情報を収集することができます（職業安定法第5条の5）。

　近年、メンタルヘルス不調による休職問題を考えると、会社が心身ともに就業可能な健康状態である者を採用したいと考えることは合理的であり、業務の目的の達成に必要な範囲内であれば、採否に必要な情報収集として既往歴の質問をすることは可能だと考えられます。ただし、既往歴は要配慮個人情報であり、情報を取得するには、原則、事前に応募者本人の同意を得る必要があります。

　実務的には、既往歴と業務の関連性があることを前提に、応募者に対して、既往歴を把握することが業務上必要であることを丁寧に説明したうえで、回答を得るようにします。本人同意が必要な情報収集ですから、回答は任意の形式とし、本人に委ねます。

●圧迫面接の必要性の検討

　ストレスのかかる状況への対応力等を見ることを目的として、あえて問い詰めるような質問をすることや、高圧的な口調で話すことを、いわゆる「圧迫面接」といいます。応募者の適性を見るうえで必要かつ合理的な範囲での態様で行われている限り、直ちに法的に問題があるとは言えません。ただし、人格否定や差別的な発言、暴言のほか、机をたたく等の挙動がある場合は、不法行為やハラスメントに該当する可能性もありますから、圧迫面接の必要性を十分に検討したうえで実施するようにしましょう。

Q5　紹介者が「採用は間違いない」と言った応募者を不採用としたいが…

　当社では人員不足のため、採用方法の一つとして社員紹介制度も活用しています。先日の面接者は社員からの紹介者だった関係で、面接後に紹介した社員から選考結果を聞かれ

たときに、「この後も面接予定があり、まだ採否は決定できないが、職務経歴や実績は悪くなかった」と話しました。その後、社員がその知人に「採用は間違いない」と伝えていることがわかりました。会社からは応募者に対して、選考結果は人事から連絡する旨伝えてあります。選考の結果、残念ながら紹介された応募者は不採用とする予定です。どのように不採用通知をすればよいでしょうか。また、そもそも不採用とすることはできるのでしょうか。

A5　　採用の話は、採用権限のない知人が勝手に応募者に伝えたに過ぎず、会社は正式に採用通知をしていないため、労働契約は成立しておらず、不採用とすることは可能です。

　一方で紹介者にリファラル採用の流れを説明しておけば、軽率な発言を防ぐことはできたはずです。また、採用の期待を持たせてしまったことは、期待権の侵害として損害賠償請求を受けるリスクが生じるため、不採用の通知をする際は、知人の社員には採用決定の権限がないことを伝えたうえで、不採用の理由について丁寧に説明することによりトラブルを回避します。

　なお、不採用の理由は、スキルや職務経歴等を中心に説明する方が穏当な対応になるでしょう。

●労働契約の成立

　リファラル採用の声掛け（申込の誘引）に対して、採用選考を受け（申込）、採用通知（契約承認）をするプロセスを経て、労働契約が成立します。採用通知は会社としての正式な契約承認手続きですから、当然にその権限を有しているものが行う職務となります。紹介者である社員が採用決定の

権限を有していなければ、内々定や内定といった軽率な発言があったとしても労働契約は成立しているとはいえず、不採用とすることは可能です。

● リファラル採用の留意点

　リファラル採用を実施する際は、紹介者である社員に採用選考のフローを理解してもらうことが必要です。特に採用権限は会社（人事）にあることを明確に伝えます。知人である社員に確認したいことや面接の感触等を問い合わせる応募者もいますが、紹介者の社員が関与できる部分とできない部分を明確にしておくことはトラブル回避の観点から重要です。

> **Q6** 　不採用者から不採用の理由を通知してほしいと連絡があったが…
>
> 　先日、不採用を通知した方から、今後の求職活動に活かすために不採用理由を教えてほしいとの連絡がありました。不採用にした理由は、募集していた職務の経験が求めているレベルとかけ離れていたことですが、不採用にした理由を答えなければならないでしょうか。
>
> ------
>
> **A6** 　会社には採用の自由があり、法律その他による特別の制限がない限り、採否の基準を自由に決めることができます。また、不採用の理由を不採用者に告げることを定めた法令はなく、告げるか否かについても会社の裁量に委ねられています。
>
> 　ご質問のケースにおいて、不採用とされた理由は明確にされているようですが、法令上は不採用者にその理由を告げる義務はありません。また、不採用の理由を告げることにより、今後の採用活動に影響することも懸念されます。安易に回答することは避けた方がよいでしょう。なお、不採用の理由を答えない場合でも、当然のことながら問合せに対して、本人

> に答えられない旨の連絡はしましょう。

●不採用理由を通知する義務はない

　会社には採用の自由があり、法律その他による特別の制限がない限り、採用人数、採用基準、採否等について、原則自由とされています。不採用理由を通知することを定めた法令はないため、応募者からの問合せに回答する義務はありません。回答するか否かは会社が自由に決めることができます。

　参考判例となる慶応大学付属病院事件（昭和50年12月20日東京高判・民集26巻6号1116頁）において、会社の人員採否における自由には、「採否決定の理由を明示、公開しないことの自由をも含むものと認めねばならない」としています。

●不採用理由を告げない場合の対応

　不採用理由を告げない場合であっても、会社の方針として不採用理由を告げないことになっている旨の連絡は、ビジネスマナーとして行うべきでしょう。

対応チェックリスト

☑	チェック項目	参照頁
☐	録画禁止のルール化を設けているか （施設内・面接室の録画・録音禁止、面接室へのスマートフォン等の持込禁止等）	面接の録画対応 P205～
☐	会社・応募者間において録画禁止を合意事項化しているか （誓約書の提出、面接対象者は合意者のみ等）	録画禁止の合意 P205～
☐	選考面接において、就職差別につながるおそれのある事項について質問していないか （本人に責任のない事項、本来自由であるべき事）	面接で配慮すべき事項 P206
☐	選考面接において、女性のみ出産後の就業継続の意思を確認する等していないか	性別を理由とする差別（直接差別） P21～
☐	採用において障害者であることを理由とする差別をしていないか	障害者差別禁止 P29～
☐	採用において障害者から申出を受けた場合は、過度な負担にならない範囲で合理的配慮を提供しているか	障害者差別の禁止 P30～
☐	応募者の適性を見るうえで必要がないにもかかわらず、高圧的な口調で話す等の圧迫面接をしていないか	圧迫面接 P207～
☐	リファラル採用をする場合、採否のトラブルが発生しないよう、紹介者である社員に対して、採用決定の権限が会社にあることや採用選考のフローを説明しているか	リファラル採用 P208～
☐	不採用理由の説明を求められた場合は、会社方針として不採用理由を告げないことになっている旨を伝えているか（法的な通知義務はない）	不採用理由の通知 P210～

5 　内々定

（1）内々定とは

　一般的に内々定は、採用を予定していることを伝えているに過ぎず、労働契約は成立していないと考えられています。

① 新規学卒者の採用

　採用内定までの過程を労働契約の成立という法的観点でみると、会社の募集は労働契約の「申込みの誘引」、これに対する求職者の応募は「労働契約の申込」、採用選考を経て求職者への採用内定の通知が会社による「労働契約の承諾」と評価されます。なお、採用内定の法的性質は、最高裁判例（大日本印刷事件最高裁二小昭54.7.20）により、労働契約の効力は入社日に発生し、会社には入社日まで解除権が付与されている契約とされています（始期付解約権留保付労働契約）。

　通常、多くの新卒採用では、新規学卒者を正社員として一括採用する場合、正式な採用内定より前の段階で採用を予定している旨を「内々定」として通知しています。これは政府の要請に基づく経済団体の協力要請により、新規学卒者の採用活動については、広報活動・選考開始・内定の時期が統一的に示され、内定日は10月1日とされているため、応募者の囲い込みを目的に行われています。一般的に、内々定の段階では労働契約は成立していないと考えられています。

●内々定と労働契約の成否

　内々定は、採用内定と異なり、一般的に労働契約が成立していないと考えられていますが、内々定という言葉を使用すれば常に労働契約が成立していないと考えるのは危険です。内々定の段階で労働契約が成立していないと考えられているのは、会社と応募者の間に労働契約が成立していると評価するだけの拘束関係がないことによるものです。

拘束関係がないことについては、内々定の後に内定通知や入社承諾書等の正式な手続きが予定されていること（内定通知のほかは契約締結のための意思表示が予定されていない）、応募者について内々定を受けた後に就職活動を放棄したと認められないこと（就職活動の継続や内々定を受けた会社の絞り込み等）により評価されます。

② 中途採用

中途採用では個別に採用選考が進むため、内々定を出すことはありません。一方で選考過程において労働条件の交渉が行われることが少なくないことから、労働契約の成立時期、成立時の労働条件の内容について、採用後にトラブルにならないように注意します。特に選考時の賃金交渉において、会社側の担当者に賃金決定の権限がない場合は、軽率な発言をしないよう冷静かつ慎重に対応しましょう。

③ 内々定の通知

内々定の書面通知について法的な定めはありません。したがって、口頭により内々定を通知することは可能であり、応募者から書面発行を要望されたとしても応じる義務はありません。

書面により通知する場合は、内定と誤解されないよう採用が確定しているような内容にはせず、後日、正式な内定が書面通知により行われ、そのときに具体的な労働条件が明示される旨記載します。

（2）内定までの留保の方法

内々定の段階では労働契約は成立していないため、応募者である学生は、他社の選考試験を受けることや、複数社から内々定を受けた場合は内定を受けたい会社以外の内々定を辞退することができます。特に昨今の売り手市場の採用活動において、内々定の辞退は避けたいところです。多くの会

社では、早期に自社への入社を確定させようと、いろいろな方法で自社への入社を促す働きかけを行っています。

> **Q7** 是非入社してほしい優秀な人材に、他社の内定辞退を条件に内々定を出すことを希望したが…
>
> 　最近では、内定を出した人数の4人に1人が内定を辞退しています。これからはIT系人材の不足が見込まれており、当社でもIT系の学部卒業予定者の採用に力を入れています。確実に採用するために、内々定の条件として他社の内定辞退を条件に内々定を出したいと考えていますが、法的に問題はあるでしょうか。

> **A7** 　内々定を出した者に対して入社を促す働きかけを行うことは、会社の自由です。応募者自身が自らの自由意思で入社を決めるような働きかけをどのように行うのかは、各会社が知恵を絞っているところです。
>
> 　ただし、早期に入社を確定させたい余りに、つい応募者への働きかけが行き過ぎると、いわゆる「オワハラ（就職活動終われハラスメント）」になりかねませんから注意が必要です。応募者の職業選択の自由を妨げる行為や、応募者の意思に反して他社への就職活動の終了を迫る行為は避けるべきです。採用担当者の言動によっては不法行為により慰謝料が請求されることや、その言動の程度によっては脅迫罪や強要罪（刑法第222条、第223条）の対象にもなり得ます。
>
> 　ご質問のケースで検討されている他社の内定辞退を条件に内々定を出す行為は、応募者の職業選択の自由を妨げる行為であり、また応募者が就職活動の継続の望んでいる場合は意

思に反して他社への就職活動の終了を迫る行為でもあり、厳に慎むべきでしょう。また、内々定と称していても、実質的に入社が確定していることから内定と評価されるリスクもあります。入社したいと思わせるような自社の魅力を伝える等、応募者の自由意思で入社を決めてもらえるような働きかけをしましょう。

●入社を促す働きかけ等

自社への入社を確定させるための働きかけをすること自体は自由であり、オワハラ等を言われるような行き過ぎた行為でなければ、法的な問題はありません。応募者に入社したいと思わせるような自社の魅力（社会貢献、価値観、社風、待遇、教育制度、福利厚生等）を伝える等、応募者の自由意思で入社を決めるような働きかけをしましょう。

●就職活動終われハラスメント（「オワハラ」）防止の徹底

内閣官房から企業等に対して発出されている「2024（令和6）年度卒業・修了予定者等の就職・採用活動に関する要請等について」では、就職をしたいという学生の弱みに付け込んだ、学生の職業選択の自由を妨げる行為（いわゆる「オワハラ」）を行わないよう徹底することが企業等に要請されています。

具体的に次のような行為が確認されているとしています。

- 正式な内定前に他社への就職活動の終了を迫る、誓約書等を要求する
- 内（々）定期間中に行われた業務性が強い研修について、内（々）定辞退後に研修費用の返還を求める、また事前に返還の契約書を要求する
- 6月1日以降の採用選考時期に学生を長時間拘束するような選考会や行事等を実施する
- 自由応募型の採用選考において、内々定と引き替えに大学等あるいは大学教員等からの推薦状の提出を求める

●**セクシュアルハラスメントの防止の徹底**

　上記の内閣官房による要請においては、就職をしたいという学生の弱みに付け込んだ、学生に対するセクシュアルハラスメントも確認されているとされ、同様に防止の徹底が要請されています。そのため、採用選考活動やOB・OG訪問対応時等において、性的な冗談やからかい、身体に接触する等のセクシュアルハラスメントを行ってはならない旨を採用担当者やOB・OG訪問を担当する社員に対して周知すること等が必要です。

- ●交際相手の有無を質問する
- ●インターンシップやOB・OG訪問等で食事やデートにしつこく誘う
- ●オンライン面接の際に、全身を見せてと言う　等

●**オワハラ等による企業リスク**

　採用担当者による行き過ぎたオワハラの言動が、刑法の脅迫行為や強要行為にあたる場合は、刑法の脅迫罪や強要罪（刑法第222条・第223条）の対象になる可能性があります。

　また、オワハラ行為を受けたことにより、かえって内々定を辞退される可能性があります。その他オワハラを受けたとする投稿がSNSにあげられた場合は、今後の採用活動にも悪影響を及ぼします。さらに応募者が大学の就職担当部署に相談する例も多く、採用活動における大学との連携にも影響することは間違いありません。このようにオワハラには様々なリスクがありますから、十分に注意するようにしましょう。

Q8　内定まで留保するため内々定の辞退者にペナルティを科したいが…

　当社では、内々定を出した後、内定者に内定通知書を送り、内定者からは入社承諾書を送り返してもらっています。最近では、内定までの間に内々定を辞退する人が増えています。会社としては、内々定者を確実に採用したいと考え、今後は、

内定までの間に内々定を辞退した者に対して、損害賠償請求をすることを検討しています。このような取扱いはできるでしょうか。

A8　一般的に内々定の段階では労働契約が成立していないと考えられています。会社と応募者は法的な拘束関係にはありませんから、応募者は自由に内々定を辞退することができます。

したがって、内々定が内定と同視される状態にあり、辞退の申し入れが著しく信義則上の義務に違反する態様で行われた場合を除いて、損害賠償請求はできないと考えるべきです。

●内々定を辞退した者に対する損害賠償請求

　内々定の段階では労働契約は成立していないと考えられています。また、会社に採用の自由（契約の自由）があるのと同様に、応募者にも契約の自由があり、内々定を辞退することができます。

　内々定としていても内定と同視できるような場合は労働契約が成立していることになりますが、この場合でも労働者には退職の自由があります。期間の定めのない労働契約なら、労働者は申出から2週間経過すれば、労働契約を解約することができます（民法第627条第1項）。

　採用内定の辞退に関する判例（X社（アイガー）事件：平成24年12月28日東京地判・労経速2175号3頁）では、内定辞退の申入れが、著しく信義則上の義務に違反する態様で行われた場合に限り、損害賠償責任を負うとしています。

対応チェックリスト

☑	チェック項目	参照頁
☐	内々定の書面通知や入社承諾書を取り付ける等、内定と同視されるようなことをしていないか	内々定 P212〜
☐	内々定を書面通知する場合は、次の内容を記載する等、内定と同視されないようにしているか ・後日正式な内定通知があること ・内定通知に合わせて労働条件を明示すること ・就職活動の放棄を求めないこと	内々定 P212〜
☐	内々定者を留保するために、オワハラに該当するような行為をしていないか （他社への就活を終了するよう脅迫・強要する行為等）	内定までの留保 P215〜
☐	採用選考に伴いセクハラ行為が行われていないか ・インターンシップやOB・OG訪問、面接等で就活生をしつこく食事に誘う等 ・性的からかいや身体接触等	セクハラ防止 P216〜

内定後

　内定通知に対して入社の意思表示をした内定者が実際に入社、就労するまでに一定の期間があくことがあります。中途採用者の場合、内定者個人によってその期間は異なりますが、新規学卒者にいたっては、内定時期も早まる傾向にあり、半年以上の期間があくことも稀ではなくなりました。

　昨今では、複数社内定を得た新規学卒者を中心に内定辞退率も上昇傾向にあるため、内定者をいかに繋ぎ止め、不安を取り除きながら入社意欲を高めていくか、内定後の期間に実施する施策に注目が集まっています。

　本章では、内定後から入社までの期間における内定者へのフォロー等の施策や内定取消等のトラブルについて、その法的性質や取扱いの注意点等を交えて解説します。

1　労働契約の成立

　求人企業の求人募集は申込みの誘因であり、これに対する求職者の応募は労働契約の申入れと解されます。

　したがって、内定通知により求人企業が求職者を雇用する意思を示せば、労働契約の申入れに対する承諾となり、労働契約が成立します。

　特に新卒採用における内定通知では、内定から入社日までに一定期間を要すため、その間に一定の事由が生じた場合には、内定を取り消す旨の条件が付されていることが一般的です。このような労働契約を「始期付解約権留保付労働契約」といいます（大日本印刷事件：昭和54年7月20日最高二小判・民集33巻5号582頁／電電公社近畿電気通信局事件：昭和55年5月30日最高二小判・民集34巻3号464頁）。

「始期付解約権留保付労働契約」とは

次の条件付きの労働契約を指します。

●始期付：内定の時期から実際に入社し就労するまでに一定の期間が
あること

●解約権留保付：入社までにやむを得ない事由が発生した場合には内
定を取り消しすることがあること

【内定後の流れ　～新卒採用の場合～】

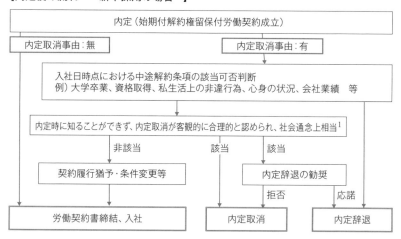

2　内定後のフォロー（研修や採用者同士の交流等）

　人材獲得競争の激化により、新規学卒者の募集採用活動が早期化してい
ます。内定後、入社までの期間が長くなることで入社の意欲が下がったり、
不安から就職活動を再開したりする者も出てきます。

1　大日本印刷事件：昭和54年 7 月20日最高二小判・民集33巻 5 号582頁

　また、複数内定獲得者の増加により内定辞退者が増加しています。これ
らを背景に、いかに内定辞退者を減らし、確実に入社してもらうか、ひい
ては、いかに入社後のミスマッチを防ぎ長く会社に貢献してもらうか、と
いう視点で内定者との定期的な面談、懇親会、先輩社員との座談会、研修、
アルバイト体験等内定後のフォロー（以下「内定後フォロー」）に注力す
る企業が増えてきています。

　内定後フォローは、内定後に内定辞退を出さないことが大きな目的とな
りますが、入社意欲を高めたり、会社へのエンゲージメントを向上させた
り、内定者の不安解消等の副次的な効果も期待できます。

（1）内定後フォローの種類

種類	概要
採用担当者との面談、メール等	定期的な近況報告、社内報の送付等
懇親会、交流会	●内定者懇親会 ●先輩社員との懇親会 ●社長、経営陣との懇親会等
研修	●ビジネスマナー、コミュニケーション、PC スキル等ビジネスマンとしての基礎研修 ●専門的な知識やスキルを習得できる研修等
社内見学会	●商品の展示会や試食会等への参加 ●事務所や工場等体験を交えた見学ツアー等
アルバイト、体験入社	●配属先でのアルバイト体験 ●配属先以外の職場体験等
資格取得支援、課題図書	●業務に関連する資格や検定等の取得に向けた情報提供 ●課題図書の提示とレポート作成等

【内定者フォローの実態】

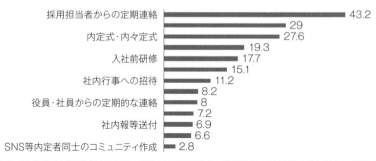

就職先の会社が実施した内定者フォローの取組
（複数回答 n＝979）　単位（％）

採用担当者からの定期連絡	43.2
	29
内定式・内々定式	27.6
	19.3
入社前研修	17.7
	15.1
社内行事への招待	11.2
	8.2
役員・社員からの定期的な連絡	8
	7.2
社内報等送付	6.9
	6.6
SNS等内定者同士のコミュニティ作成	2.8

出典：東京商工会議所「2023年度　新入社員意識調査　集計結果　2023年4月25日」一部改変

（2）内定後フォロー参加の義務付け

> **Q1**　**内定者に SNS の利用を義務付けたいが…**
>
> 　内定後フォローの一環として、内定者に連絡用の SNS グループを作り、その登録や投稿等を義務付けることはできるのでしょうか。
>
> ----
>
> **A1**　始期付解約権留保付労働契約の権利義務は、入社日からその効力が発生することになるため、入社前の内定期間中において当然に義務付けができるわけではありません。
>
> 　したがって、義務付けをする場合は、事前に個別の同意を得る必要があります。例えば、内定承諾書にその旨を記載した上で同意を取得する方法や内定後に説明をしたうえで個別に同意を得る方法等が考えられます。
>
> 　なお、個別同意を取ったとしても、SNS の利用に際して

プライバシー情報の提供・開示を求めたり、SNS の利用が
必要な情報を連絡する"手段"という業務遂行上の合理的な
目的を明らかに超え、過度に内定者のプライベートを拘束す
るようなやり取りを義務付けることには問題があるでしょう。

(3) 内定者フォローと賃金・交通費等
① 賃金

　内定者フォローとして実施するもののうち、会社が参加を強制したり、
参加しなければ入社後に不利益が生じるような形態のものは、使用者の指
揮命令下に置かれたものとしてそれに係る時間は労働時間として取り扱う
べきです。

　労働時間として労務の提供を受ければ、労務の対価として賃金を支払う
義務が生じます。

　一方、全くの自由参加で、入社後の業務や評価等に関係のないものにつ
いては使用者の指揮命令下にあるとはいい難く、労働時間として取り扱う
必要はありません（賃金支払義務は生じません）。

② 交通費その他実費

　内定者フォローに参加するためには、交通費や研修費等の実費が発生し
ます。

　賃金の取扱いでも触れたとおり、賃金支払義務が生じる業務遂行のため
に係る費用は会社が支払うべきものといえます。労働時間制を帯びていな
い自由参加のイベント等であれば、会社に費用の支払義務はありませんが、
内定者の負担を考慮したり、参加を推奨するものであれば、会社が負担す
ることが望ましいといえます。

（4）内定者にどこまで情報開示するか

　内定者研修の実施やアルバイトによる体験入社をしてもらう際にも、会社の機密情報の漏洩対策は欠かせません。

　正式な入社前であっても、事前に機密情報の漏洩防止のため誓約書を提出してもらうことが必要となります。

　万が一、研修資料や体験入社で知りえた会社の機密情報を漏洩した場合、またはSNSで会社、顧客もしくは関係者等の誹謗中傷の投稿を行った場合は、内定の取り消し等も検討せざるを得ません。

　従って、内定後フォローを実施する際には、内定者にどの時点でどこまでの情報を開示するかも合わせて検討すべきです。

（5）内定後フォローとハラスメント問題

　会社や職場の雰囲気をより身近に感じてもらったり、人事担当者や先輩社員等の仕事に係るリアリティのある話を聞くことができる懇親会や交流会等の開催は、内定者からの希望も多いため、内定後フォローとして多くの会社が実施しています。

　この場合においても、入社後に行われる歓迎会等と同様にハラスメントの問題について留意する必要があります。

　特に内定者同士の懇親会や酒席の場合は管理が難しいため、トラブルが生じる可能性も高くなりますので、懇親会等の内容や実施方法等については十分配慮しなければなりません。

　OB・OG訪問時、面接時には問題がなくても、内定後フォローにおいて、その言動がハラスメントになり得る可能性が常にあることを改めて人事担当者や先輩社員等関係者に周知徹底させる必要があります。

（6）内定者と社会保険・雇用保険

　内定後フォローの一環で体験入社等を行う際、社会保険および雇用保険

の被保険者資格の要件を満たした場合は、被保険者として保険加入させなければならない可能性があります。特に新卒採用者は、入社前まで親族等の被扶養者であることが多いため、その取扱いについて確認が必要です。

① 社会保険

　社会保険については、内定者の週所定労働時間が一般従業員の週所定労働時間の4分の3以上であれば加入することになります。

　また、社会保険の適用拡大により、特定適用事業所（被保険者数101人以上[2]の会社）で働く一部の者は、週の所定労働時間が一般従業員の週所定労働時間の4分の3未満であっても社会保険に加入することになりますが、昼間学生についてはその適用除外とされています。ただし、学生でも卒業後に引き続き当該事業所に使用されることが見込まれるものについては通常の被保険者資格の要件に従い、その要件に合致していれば被保険者として資格取得手続きをしなければなりません（厚生年金保険法施行規則第9条の6）。

② 雇用保険

　原則、昼間学生は被保険者とはなりませんが、卒業見込証明書を有する者であって、卒業前に就職し、卒業後も引き続き当該事業に勤務する予定の者は、昼間学生であっても被保険者となり得ます（雇用保険法施行規則第3条の2）。

③ 労災保険

　就労条件に関わらず、学生であっても労働者であれば被保険者となります。

2　令和6年10月1日以降は51人以上に拡大（年金制度の機能強化のための国民年金法等の一部を改正する法律（令和2.6.5法律第40号））

Q2 内定者に懇親会の参加を断られてしまったが…

　今年度の新卒内定者懇親会の開催案内を内定者に通知したところ、不参加の申出をしてきた内定者がいました。例年全員が参加しており、入社後のことを考えると是非参加してほしいのですが、懇親会の参加を強制することはできるのでしょうか。

A2 　懇親会や研修等の内定後のフォローへの参加の強制はできません。

　これら内定後フォローは任意参加とすべきではありますが、内定者にとって非常に有益なものであることも想像に難くないため、趣旨目的等を十分に説明したうえで参加を促すことは問題がありません。

　なお、例え内定者の同意を取ったとしても、内定者にとって過度に拘束性のあるものや内定を辞退しないように圧力をかけるものにならないよう留意する必要があります。

●内定後の権利義務

　内定者との間には「始期付解約権留保付労働契約」が結ばれた状態ではあるものの、その効力はあくまで入社日から及ぶものと解されていることから、懇親会の参加強制はできません（前記「大日本印刷事件」）。

　したがって、内定後フォローは任意参加となります。実務上は、内定時に内定後フォロー（研修、懇親会等）への参加等についても実施要領等を明示したうえで、同意を得ておくことになります。

●内定者への拘束性

　内定者の中でも新規学卒者については、内定段階における生活の本分は学生生活にあります。使用者はこれを尊重し、内定後フォローによって学業等を阻害してはなりません。内定後フォローの参加に同意しなかったとしても内定取消しはもちろん、不利益な取り扱いをすることは許されません。

　また、いったん参加に同意した内定者が、学業への支障などといった合理的な理由に基づき、参加を取りやめる申出をしたときは、使用者はこれを免除すべき信義則上の義務を負っていると解されています（宣伝会議事件：平成17年1月28日：東京地判・労判890号5頁）。

●"オワハラ"に注意

　内定後フォローが内定辞退を回避するための施策のようになり、過度に内定者を拘束するようなものになれば、前記の「オワハラ（就活終われハラスメント）」（P215）とも捉えられかねません。特に新規学卒者向けの内定後フォローは、内定者の学業の進捗等に配慮しながら、学生生活に支障がないようなものでなければなりません。

Q3　内定者研修に賃金の支払いは必要か…

　内定者研修は、業務に必要な知識を教えるものではありますが、実際の現場で業務を行うものではないため賃金を支払う必要はないと考えますが、問題ないでしょうか。

A3　研修の参加が強制され、業務に関連する内容であれば、当該時間は業務命令による労働時間として扱うべきものとなり、賃金の支払義務が生じることになります。（労働基準法第11条、第24条）

●内定者研修の参加義務

　内定者に対しては、労働契約の効力が発生していないため、会社から一方的に業務命令（労務の提供を命じる）を行うことはできません。したがって、内定者の同意のもと内定者研修にも参加してもらうことになります。

●賃金水準は…

　賃金額については、入社後の初任給の日額である必要はないため、アルバイト等を基準とした時給に対する時間分を支払うことで足ります。

Q4　内定者が労働組合に加入したくないと申し出たが…

　弊社の労働組合との間には、ユニオンショップ協定が締結されていますが、内定者の一人が労働組合に加入したくないと申し出てきました。入社後に労働組合に加入しないことは可能なのでしょうか。

A4　原則的には不可能です。したがって、労働組合への加入を拒む者について、内定取消しを行うことは可能ですが、入社日までの間に制度趣旨の丁寧な説明を行ったり、ユニオンショップ協定の内容によっては、他組合に加入したり等の選

択の余地を残した上で入社させる等内定取消を回避するための措置を慎重に検討、実施することが必要です。

●ユニオンショップ協定とは

ユニオンショップ協定とは、使用者の採用の自由を認めつつ、採用後に組合に加入しない労働者や脱退者・被除名者の解雇を使用者に義務付けるユニオンショップ制を導入するために、使用者と労働組合が締結する労働協約のことです。

【ユニオンショップ制の種類】

完全ユニオン	「従業員は全て組合員でなければならない。」「会社は組合に加入しない者、組合を脱退し、又は組合から除名された者を解雇しなければならない」等と規定されている場合
不完全ユニオン（「尻抜けユニオン」[3]）	「原則として解雇する。」「解雇する。ただし会社がその者を特に必要と認める場合には解雇しないことができる」等と例外が設けられている場合

●ユニオンショップ未加入と内定取消の有効性

労働組合の団結権においては、積極的団結権（組合に入る権利）の消極的団結権（組合に入らない自由）に対する優位性を承認していることからユニオンショップ制自体はその趣旨（組合員としての資格を失ったものを解雇することによって、団結の維持・強化を図ろうとするもの）に沿う限り有効[4]と解されるため、組合加入の強制は可能です。

しかしながら、一般的に締結された多くのユニオンショップ協定は、前述の不完全ユニオンであり、労働者側の組合に

3　菅野和夫『労働法』（弘文堂［第12版］2019年）848頁
4　日本食塩製造事件：昭和50年4月25日最高二小判・民集29巻4号456頁

加入しない自由（憲法第28条）や労働者の組合選択の自由を無視できない実態もあります。

　使用者にとってみれば、当該協定により、労働組合に加入しない労働者もしくは労働組合から脱退した者を解雇する義務が生じますが、不完全ユニオンだけでなく、例え完全ユニオンによる協定であっても解雇の有効性の判断は解雇権濫用法理（「客観的に合理的な理由を欠き、社会通念上相当であると認められない場合は、その権利を濫用したものとして、無効とする」（労働契約法第16条））にも個別に縛られることになります。

　これを内定取消に置き換えると、その有効性の判断においては、少なくとも内定時に労働組合に加入することを入社条件としていることと、十分な説明責任を果たしたうえで、ユニオンショップ協定の内容においても、組合に加入しないで入社することができる余地がないのであれば内定取消も有効である可能性が高まります。

3　健康診断

　会社は常時雇用する従業員を雇入れるときは、健康診断を行わなければなりません。ただし、雇入れから3カ月以内に、その者が必要な全項目を網羅した健康診断の結果を証明する書面を提出したときは、これに代えることができます。（労働安全衛生規則第43条）

　このただし書きを適用するのであれば、内定後に内定者に対して健康診断を実施することになります。

　雇入れ時の健康診断に代える目的だけでなく、これによって入社前の健

康状態を把握することができるため、業務上支障がない状態か、配属等において配慮が必要無いかどうか等を確認することもできます。したがって、内定者に健康診断を行うことは、労務管理上一定の効果が見込めるといえます。

【雇入れ時の健康診断項目】
- 既往歴及び業務歴の調査
- 自覚症状及び他覚症状の有無の検査
- 身長、体重、腹囲、視力及び聴力の検査
- 胸部エックス線検査
- 血圧の測定
- 貧血検査（血色素量及び赤血球数）
- 肝機能検査（GOT、GPT、γ-GTP）
- 血中脂質検査

  （LDL コレステロール、HDL コレステロール、血清トリグリセライド）
- 血糖検査
- 尿検査（尿中の糖及び蛋白の有無の検査）
- 心電図検査　　　　　　　　　　　　　　　　　　　　計11項目

（1）雇入れ時の健康診断≠選考採用時の健康診断

　雇入れ時の健康診断は、常時使用する労働者を雇い入れた際における適正配置、入社後の健康管理に役立てることが目的で実施するものであり、採用選考時に実施することを義務付けたものではありません。したがって、採用応募者の採否を決定するために実施するものでもありません。

　採用選考時に健康診断を実施する場合には、当該健康診断が採用応募者

231

の適性と職務遂行能力を判断する上で、合理的かつ客観的にその必要性が認められる範囲に限定して行われるべきものであることは前記「●健康診断情報の取得」（P197）の通りです。

　このことから、内定者に対して実施する健康診断についても、内定取消しをするためや選考の一環とも捉えかねないようなものは、本来の趣旨・目的からかけ離れたものであり問題があります。

（2）内定者の提出時期

　雇入れ時の健康診断に代えて内定者に健康診断書の提出を求める場合は、受診後、入社までに3カ月を経過しないように期日を指定して内定者に案内を行います。

（3）当該健康診断に係る費用

　会社に義務付けられている当該健康診断に係る費用については、会社が負担をするべきものとされています[5]。

（4）病歴についての不申告や事実と異なる申告があった場合

　病歴は、個人情報保護法上、要配慮個人情報にあたり、不当な差別や偏見その他の不利益が生じないようその取扱いに特に配慮を要する個人情報の一つです（個人情報保護法第2条第3項、個人情報保護法施行令第2条）。

　要配慮個人情報の取得や第三者提供には、原則として本人の同意が必要となります（個人情報保護法第20条、第27条）。

　この病歴について採用時に申告を求めることができるかが問題となります。罹患する疾病の状況等においては、就業自体が困難であったり、安全配慮義務の観点から就業上の配慮が求められたりすることがあるため、必

5　「労働安全衛生法および同法施行令の施行について」昭和47.9.18基発第602号

要な範囲内で病歴の申告を求めることは可能です。

　ただし、このような趣旨目的の上で、応募者や内定者に病歴の申告を求めた際に、不申告や事実と異なる申告があった場合であっても、直ちに内定取り消しや解雇、懲戒処分が認められるものではありません。

　例えば、HIV に罹患していたとしても、現状就労が可能であるとの医師の所見があったり、職場で他者への感染の危険性が非常に小さいものであったりする場合は、その事実を告げなかったとしても、これをもって内定を取り消すことは違法となります（社会福祉法人北海道社会事業協会事件：令和元年 9 月17日札幌地判・労判1214号18頁）。

4　内定取消

　前述の通り、採用内定通知によって、内定者との間には「始期付解約権留保付労働契約」が締結されたと解されます。「解約権留保付」とは、内定取消事由が生じた場合に使用者が内定を取り消す権利が認められていることを意味しています。

　しかしながら、内定後に内定取消事由が発生した場合、使用者が無制限に労働契約を解除できるわけではありません。

　採用内定により労働契約が成立すると認められた場合、それを取り消すことには、前述の解雇権濫用法理（労働契約法第16条）の規制が及びます。

　内定取消が有効と解される事由は、その内容が採用内定時に知ることができず、また知ることが期待できないような事実であって、これを理由として採用内定を取り消すことが解約権の留保の趣旨、目的に照らし合理的と認められ社会通念上相当として是認することができるものに限られるとされています（前記「大日本印刷事件」）。

内定取消は整理解雇に準ずる

「青少年の雇用機会の確保及び職場への定着に関して事業主、特定地方
公共団体、職業紹介事業者等その他の関係者が適切に対処するための指針
（平成27.9.30厚労告406号　最終改正令和4.10.1厚労告304号）（以下「青
少年の雇用機会確保等のための指針」）」においても、「事業主は、採用内
定者について労働契約が成立したと認められる場合には、客観的に合理的
な理由を欠き、社会通念上相当であると認められない採用内定の取消しは
無効とされることについて十分に留意し、採用内定の取消しを防止するた
め、最大限の経営努力を行う等あらゆる手段を講ずること」とされており、
経営事情等を理由とした内定取消を行う企業からすれば、整理解雇に準ず
るような取扱いが求められているものとも考えられます。

内定取消事由の明示

採用内定者に対しては、書面の交付等により、採用の時期、採用条件、
採用内定の取消事由等を明示するとともに、採用内定者が学校等を卒業す
ることを採用の条件としている場合についても、その旨を明示するよう留
意することとされています（青少年の雇用機会確保等のための指針）。

したがって、内定通知の際には、具体的な内定取消事由を書面により内
定者に明示しておくことが前提となります。

●採用内定の取消し等の状況（令和3年3月新卒者）

（厚生労働省　令和3年9月22日公表「令和3年3月新卒者内定取消し等の状況を公表します」一部抜粋）

※　以下の各表中（）内の数値は、主として新型コロナウイルス感染症の影響によると考えられるもの

（学校種別）

	事業所数	人数
合計	37 （25）（※1）	136 （124）
中学生	0	0
高校生	17 （10）	20 （ 13）
大学生等（※2）	22 （17）	116 （111）

（※1）同一事業主が異なる学校種で取消しを行っている事例があるため、合計の事業所数と学校種別の内訳の合計は一致しない。
（※2）大学生等とは、大学生、短期大学生、専修学校生等をいう。

（産業別）

	事業所数	人数
合計	37 （25）	136 （124）
農、林、漁業	0	0
鉱、採石、砂利採取業	0	0
建設業	3 （ 3）	3 （ 3）
製造業	9 （ 6）	19 （16）
電気、ガス、熱供給、水道業	0	0
情報通信業	2 （ 1）	2 （ 1）
運輸、郵便業	0	0
卸売、小売業	5 （ 4）	75 （74）
金融、保険業	1 （ 0）	1 （ 0）

不動産、物品賃貸業	4 （2）	9 （7）
学術研究、専門、技術サービス業	1 （1）	1 （1）
宿泊、飲食サービス業	4 （4）	8 （8）
生活関連サービス、娯楽業	1 （1）	3 （3）

（取消し理由別）

	事業所数	人数
合計	37 （25）	136 （124）
企業倒産	3 （2）	3 （2）
経営の悪化	23 （23）	122 （122）
別会社移行	0	0
その他	11 （0）	11 （0）

●内定取消等の通知に対する厚生労働大臣の事業所名公表

　厚生労働大臣は、事業主等の通知の内容が、次に掲げるいずれかに該当する場合には、学生生徒等の適切な職業選択に役立つよう、その内容を公表することができるとされています（職安法施行規則第17条の4、平成21.1.19厚労告5号）。

【厚生労働大臣が事業所名を公表できる要件】

ア　2年度以上連続して行われたもの

イ　同一年度内に10名以上の者に対して行われたもの

ウ　事業活動の縮小を余儀なくされたものとは明らかに認められないとき

エ　内定取消しの対象となった新規学卒者に対して、内定取消しを行わざるを得ない理由について十分な説明を行わなかったとき

オ　内定取消しの対象となった新規学卒者の就職先の確保に向けた支援を行わなかったとき

（1）内定取消が問題となるケース

　一般的には、次のようなケースが内定取消事由として扱われています。

① 会社の経営状況が悪化した

② 大学等を卒業できなかった

③ 業務に必要な資格等を取得できなかった

④ 内定後に重大な非違行為があった

⑤ 傷病により心身の状態が悪化した

⑥ その他①～⑤に準ずるケース

　特に①、④および⑤のケースでは、事案ごとにその状況、経緯および程度が異なるため、内定者と会社それぞれの認識に齟齬が生じやすく、紛争に発展する可能性が高くなります。

（2）内定辞退の勧奨

　内定者について、労働契約が成立したと認められる場合には、当該内定者に対して、自由な意思決定を妨げるような内定辞退の勧奨は、違法な権利侵害に当たるおそれがあることから行ってはならないこととされています。実務的には、内定取消該当事由にあたる行為を行った者に対して、企業側から内定取消とする前に当該者にその事実の確認を行った上で、自由意思に基づく内定辞退の勧奨を行うことが考えられます。

（3）内定取消の手続きと事後対応

　やむを得ない事情により内定の取消しまたは入社時期の繰下げを行う場合には、当該取消しの対象となった学校等の新規卒業予定者の就職先の確保について最大限の努力を行うとともに、当該取消しまたは繰下げの対象となった者からの補償等の要求には誠意を持って対応すること、とされています（青少年の雇用機会確保等のための指針）。

　内定取消がやむを得なかったとしても、内定者に対する説明が不十分で

あったことが問題になることもあるため、対象者に対しては、説明会や面談等により資料を使ってわかりやすく説明する等できうるかぎり誠実に対応しなければなりません（インフォミックス事件：平成9年10月31日東京地判・判時1629号145頁）。

① 内定取消通知

　新卒採用について内定の取消しを行うときは、あらかじめ所轄の公共職業安定所および関係施設の長にその旨を通知するものとされています（職安法第54条、職安法施行規則第35条）。

② 入社時期の繰下げ

　新規学卒者の場合、"内定取消"とまで至らずとも、入社時期の繰下げについても卒業後の職業生活に影響を与えかねない重大な問題として扱われます。

　したがって、やむを得ない事情により、新規学卒者の入社時期繰下げを行うこととする事業主についても、前述様式により、あらかじめ所轄の公共職業安定所および関係施設の長に通知することが必要です（職安法施行規則第35条第2項）。

　そもそも、内定が成立し、始期付解約権留保付労働契約が締結されている状態においては、会社が一方的に契約の始期である入社日の時期を繰下げることはできません。したがって、入社時期を繰り下げるには、内定者の同意が前提となります。

【入社時期の繰下げの2区分】

ア　入社日は変わらず、就労開始日を繰下げ

　　採用内定の際に定められていた入社日は変更しないものの、事業主の都合により休業させ、実際の就業をさせない措置

　＊　休業期間は使用者の責による休業にあたるため、休業手当（平均賃

238

【新規学校卒業者の採用内定取消し通知書】

様式19

新規学校卒業者の採用内定取消し通知書

1　事業所の概要

① 事 業 所 番 号						−						−		
② 事 業 内 容														
③ 従 業 員 数	[企業全体]　　　　　　　　人						[うち当該事業所]　　　　　　人							
④ 資 本 金	億　　　　　万円													
⑤ 他の事業所の所在地														
⑥ 連 絡 先	[人事担当者職氏名] [TEL]　　　　　　　　　[FAX] [e-mail]　　　　　　@													

2　採用内定取消しの状況

	合 計	中学	高校	大学等 小計	大学	短大	高専	専修	能開
⑦ 内定者数									
⑧ 内定年月日									
⑨ 内定取消し者数									
⑩ 取消し年月日									
⑪ 採用内定の事実関係									
⑫ 内定取消しを実施しなければならない理由									

様式 19

⑬内定取消しの回避のために検討された事項	
⑭内定取消しに関する学生生徒への説明状況	
⑮内定取消しの対象となる学生生徒に対する支援内容	
⑯前年度における採用内定取消しの状況	前年度において、新規学校卒業者の採用内定取消しを、 　　　行った　・　　行っていない　　（該当するものに○を付す）

注1：能開とは、公共職業能力開発施設等をいう。

職業安定法施行規則第35条第2項の規定により、上記のとおり通知します。

　　令和　　年　　月　　日

　　　　　　　　　　　　　事業所名

　　　　　　　　　　　　　所在地

　　　　　　　　　　　　　代表者氏名

　　　　　　　　　　　　　　（押印不要）

　　○○公共職業安定所長

　　　　　　　　　　　　殿

　　○○学校長

金の6割以上）の支払いを要します（労働基準法第26条）。

*　在宅による研修実施や必要に応じて出社を指示し得る状態（自宅待機）等であれば賃金の全額支払義務が生じることもあります。

イ　入社日の延期

本人の同意のもと、採用内定の際に定められていた入社日を延期する措置

*　延期された入社日までの期間に対する賃金支払義務は生じません。

③ 内定取消と解雇予告

内定取消（解約権の行使）はいつまでに行わなければならないか、あるいは解雇予告（労働基準法第20条）の制限を受けるかについては明確に示されていません。

「始期付解約権留保付労働契約が有効に成立し、事後における会社の内定取消は有効に成立した労働契約解除の通知であると解されるので、解雇予告の制限を受ける」と考えられますが、そもそも労働基準法第21条では、「試の使用期間中の者」（入社後14日以内）は解雇予告の除外とされており、これとの均衡上、試用期間開始前については、解雇予告の適用除外であると捉える学説[6]もあります。

いずれにせよ、内定者への通知が遅れることで、その分だけ新たな就職先確保への機会が失われることを考えれば、いたずらに通知を遅らせることは不誠実な対応であると判断されかねません。内定取消の意思決定から間を置かずに通知すべきです。

6　菅野和夫『労働法』（弘文堂［第12版］2019年）236頁

④ 内定取消後の対応

　内定取消を行う場合は、その対象となった者への配慮として、新たな就職先の確保に向けた支援を行うべきです。

　法的な義務ではないものの、前述のとおり、内定取消の対象となった新規学卒者の就職先の確保に向けた支援を行わなかったときは厚生労働大臣により事業所名が公表される可能性があります。また、内定取消対象者からの補償要求等トラブル防止の観点からも誠実な対応が求められています。

　具体的には、自社の子会社や関連会社の求人情報の案内等が考えられます。

　この場合、委託を受けて募集を行うのであれば、次の点に留意しなければなりません（職安法第36条第1項〜第3項）。

有償	委託募集をすることとその委託金額につき厚生労働大臣の認可が必要
無償	厚生労働大臣への届出が必要

⑤ 内定取消と損害賠償

　違法な内定取消が行われた場合、または内定取消をされた内定者が受け入れず紛争となった場合等は、次のような法的責任を追及される可能性があります。

ア　労働契約上の地位確認請求および未払賃金等の請求

　　入社予定日以降の労働者としての地位を有していることの確認を求める手続きと併せて入社後の未払い賃金の請求

イ　不法行為（期待権侵害）に基づく損害賠償請求

　　入社という事実の発生により、将来の享受できる利益への期待を一定程度保護するもの

　前記「大日本印刷事件」では、内定取消は解約権の濫用であり無効と判断され、賃金支払請求以外にも慰謝料請求が認められています。

　また、内定取消は有効と判断されたものの、内定からその取消しに至る

過程において、会社側が信義則上必要とされる説明を行わなかったことを理由に損害賠償請求が認められることもあります（パソナ［ヨドバシカメラ］事件：平成16年6月9日大阪地判・労判878号20頁）。

（4）その他（内定取消にかかる諸問題）

① 内定取消と内々定取消

「内々定」の取消しは、内定の取消しとは異なり、合理的な理由が無くても取り消すことが可能です。

原則的に内々定の段階では、始期付解約権留保付労働契約は成立したとはいえないと解されているためです。

ただし、内々定取消の時期が内定通知期日の直前であるなど、内々定を受けた者の期待権を保護すべきケースである場合は、始期付解約権留保付労働契約の成立は認められないとしても、期待利益を侵害する不法行為として損害賠償が認められることがあります（コーセーアールイー事件：平成22年6月2日福岡地判・判時2121号141頁）。

② リファレンスチェックと内定取消

リファレンスチェックとは、中途採用の過程において、会社が応募者の前職の上司、同僚に対し、応募者の経歴、人柄、勤務態度および職務遂行レベル等を確認、問合せをすることです。

＊　経歴照会、バックグラウンドチェック等とも呼ばれます。

＊　リファレンスチェックは応募者の同意のもと行わなければなりません。

詳細は、「●リファレンスチェックを行う場合の留意点」（P183）の通りです。

リファレンスチェックは、通常、採否の判断基準とするため内定通知前に実施することが多いのですが、内定後にこれを実施する場合、次のよう

な問題が起こり得ます。

ア　リファレンスチェックを拒否した内定者の内定取消

　　内定者の同意が前提であるため内定取消は認められません。

イ　リファレンスチェック結果による内定取消

　　経歴詐称、懲戒解雇の不申告、職務遂行能力の過大な自己評価等による事実が判明したとしても、内定取消については、採用内定当時知ることができず、また知ることが期待できないような事実であって、これを理由として採用内定を取り消すことが解約権留保の趣旨、目的に照らして客観的に合理的と認められ、社会通念上相当として是認することができるものに限られます（前記「大日本印刷事件」）。

　　例えば、職務遂行能力の過大な自己評価や詐称を理由に内定を取り消しても、それ自体を認めるに足る的確な証拠もなく、採用内定前に調査を実施していれば容易に判明し得た事情に基づく内定取消であれば無効と判断されます（ドリームエクスチェンジ事件：令和元年8月7日東京地判・判タ1478号187頁）。

Q5 急な業績悪化のため、内定者の内定を取り消したいが…

　　採用内定時には予測できなかった急激な業績悪化に陥り、新卒採用内定者の受け入れが難しい状況になっています。内定者の内定を取り消すことは可能でしょうか。

A5 　内定取消は、内定者の卒業後の職業生活に大きな影響を与えかねないことから、事業主には厳格な取扱いが求められます。客観的に合理的な理由を欠き、社会通念上相当であると認められない採用内定の取消しは無効とされることについて十分に留意し、採用内定の取消しを防止するため、最大限の

経営努力を行う等あらゆる手段を講ずることが求められます。

●始期付解約留保権付労働契約の解約権行使

　解約権留保の趣旨、目的に照らして客観的に合理的と認められ、社会通念上相当と是認できるものに限られます。

●整理解雇の4要件を考慮

　採用内定者は未だ入社、就労をしていないものの、当該契約に拘束され、他社に就職することはできないことからすれば、会社が業績悪化を理由に当該契約の解約権を行使する場合には、いわゆる整理解雇の4要件を基にその有効性について判断すべきといえます。

【整理解雇の4要件】

ア　人員削減の必要性

　人員削減措置の実施が不況、経営不振などによる企業経営上の十分な必要性に基づいていること

イ　解雇回避の努力

　配置転換、希望退職者の募集など他の手段によって解雇回避のために努力したこと

（新規採用停止、昇給停止、賞与減額、役員報酬減額、賃金減額、経費削減、配転、出向、転籍、休業、希望退職等）

ウ　人選の合理性

　整理解雇の対象者を決める基準が客観的、合理的で、その運用も公正であること

エ　解雇手続の妥当性

　労働組合または労働者に対して、解雇の必要性とその時期、規模・方法について納得を得るために説明を

行うこと

　具体的には、従業員に希望退職等を募っていたか、入社を前提に職種の変更を打診していたか、内定者に相当の補償を提示し内定辞退を勧告していたか等、採用内定の取消しを回避するために相当の努力を尽くしているかが問われます。

　内定取消によって内定者に生じる著しい不利益を考えれば、できうる限り早期に内定取消通知を行う等、丁寧かつ誠実な対応が求められています（インフォミックス事件：平成9年10月31日東京地判・判時1629号145頁）。

Q6　業務に必要な資格が取れなかった者を内定取消としたが…

　内定期間中に必要な免許資格を取得できなかった内定者に対して内定取消通知をしました。そもそも募集・採用にあたって、必要な免許資格を要件として問題はないのでしょうか。

A6　職務に必要とされる技能等として免許資格を要件とすることはできますが、職務経験を必要とする免許資格（例：1級建築士等）を要件とすることは、職業経験不問とすることを求めている例外事由（3号のイ）（P32参照）の要件を満たさないことになることからできません。

●採用の要件

　事業主が募集・採用を行うためには、「職務に適合する労働者」であるか否かを個々人の適性、能力等によって判断することが重要です。

　このため、労働施策総合推進法施行規則第１条の３第２項では、職務の内容、当該職務を遂行するために必要とされる労働者の適性、能力、経験、技能の程度など労働者が応募するにあたり求められる事項をできる限り明示すべきとされています。

　（労働者の募集及び採用における年齢制限禁止の義務化に係るQ&A[7]　Q1-11、Q4-9）

●内定取消の可否

　前述の通り、内定取消は採用内定を取り消すことが解約権の留保の趣旨、目的に照らし合理的と認められ社会通念上相当として是認することができるものに限られるとされています。

　特に中途採用者の場合、即戦力として職務等を限定した上で募集採用をしていることも多くみられ、資格の取得は労働契約成立の前提条件であるケースからすれば、その資格が無ければ当該業務を行うことができないため、内定取消の合理的な理由があると認められる可能性は高いと考えられます。

7　出典：厚生労働省 HP（http://www.mhlw.go.jp/qa/koyou/kinshi/qa.html）

対応チェックリスト

☑	チェック項目	参照頁
☐	内定後フォローの趣旨目的や実施要領等を事前に説明しているか	内定後フォローの説明 P220〜
☐	内定後フォローへの参加、出席についての同意を取得しているか	内定後フォローの個別同意 P222〜
☐	内定者に対して、内定後フォローへの参加、出席等によって知り得た営業秘密等の取扱いに関する遵守事項の誓約を取り付けているか	内定後フォロー実施時の機密保持 P224〜
☐	内定者に対するハラスメント防止策として、内定後フォロー関係者への研修や注意喚起をしているか	ハラスメント防止措置 P224〜
☐	入社前の昼間学生であっても、被保険者資格の要件に合致すれば、社会保険や雇用保険の被保険者となり得る	内定後の社会・労働保険 P224〜
☐	内定後フォローへの強制参加、業務にあたれば使用者としての義務が生じる	内定後フォローの権利義務 P226〜
☐	・雇入れ時の健康診断として代用する場合、受診後入社までに3カ月を経過しないように案内しているか ・雇入れ時の健康診断項目（11項目）を全て満たしているか	雇入れ時の健康診断 P230〜
☐	内定取消を防止するため、最大限の経営努力を行う等あらゆる手段を講じているか	内定取消回避措置 P233〜
☐	内定者には、内定取消事由について事前に通知しているか	内定取消事由の事前通知 P234〜
☐	内定取消または入社時期の繰下げを行う場合は、ハローワーク等に内定取消を通知しているか	内定取消手続き P237〜

☐	・新規学卒者の内定取消対象者に対して、就職先の確保等最大限の努力を行っているか ・対象者からの補償等の要求には誠意をもって対応しているか	内定取消後の誠実対応 P241～

採用の決定および採用後

　労働者が会社の求人募集に応募し、面接、選考を受けて、採用が決定した場合、法令上または会社として必要とする手続は、どのようなものがあるでしょうか。

1　労働契約の締結

（1）労働条件の明示

　採用が決定後、会社と労働者の雇用関係は、労働契約を締結することによって開始することになります。労働契約を締結する際は、会社は労働者に対して賃金、労働時間などの労働条件を必ず明示しなければなりません（労働基準法第15条、労働基準法施行規則第5条）。

　なお、明示しなければならない事項は、次のとおりです（労働基準法施行規則第5条第3項）。

① 労働契約の期間に関する事項
② 期間の定めをする場合は労働契約を更新する場合の基準に関する事項
③ 就業の場所および従事すべき業務に関する事項
④ 始業および終業の時刻、所定労働時間を超える労働の有無、休憩時間、休日、休暇ならびに労働者2組以上に分けて就業させる場合における就業時転換に関する事項
⑤ 賃金（退職手当、臨時に支払われる賃金等を除く）の決定、計算および支払いの方法、賃金締切および支払いの時期に関する事項

ならびに昇給に関する事項

⑥ 退職に関する事項（解雇の事由も含む）

この他、次の事項に関する定めがある場合は、前記に加えて別途明示が必要となります。

⑦ 退職手当の定めが適用される労働者の範囲、退職手当の決定、計算および支払いの方法ならびに退職手当の支払いの時期に関する事項

⑧ 臨時に支払われる賃金（退職手当を除く）、賞与等ならびに最低賃金額に関する事項

⑨ 労働者に負担させる食費、作業用品その他に関する事項

⑩ 安全および衛生に関する事項

⑪ 職業訓練に関する事項

⑫ 災害補償および業務外の傷病扶助に関する事項

⑬ 表彰および制裁に関する事項

⑭ 休職に関する事項

●有期契約または短時間労働者の労働契約の場合

会社が、有期契約または短時間労働者（以下「パートタイマー」）として労働者を採用する場合は、前記の労働基準法によって規定されている明示義務に加え、次の事項についても明示しなければなりません（パート・有期労働法第6条、同法施行規則第2条）。

⑮ 昇給の有無

⑯ 退職手当の有無

⑰ 賞与の有無

⑱ 短時間・有期契約労働者の雇用管理の改善等に関する事項にかかる相談窓口（以下「相談窓口」）

　なお、有期契約とは、事業主と期間の定めのある労働契約を締結している労働者をいいます（パート・有期労働法第2条）。また、パートタイマーとは、1週間の所定労働時間が同一の事業主に雇用される通常の労働者等の1週間の所定労働時間に比べ、短い労働者をいいます（パート・有期労働法第2条、令和4.6.24雇均発0624第1号）。

（2）明示の方法

　労働条件の明示の方法について、様式は定められていないため、必ずしも「労働条件通知書」といった名称でなくてもかまいませんが、前記（1）①から⑥に関する事項は、⑤後段に記載の昇給に関する事項を除き、原則として、書面により明示しなければなりません（有期契約やパートタイマーの場合は、（1）⑮から⑱も原則として、書面により明示が必要）。ただし、労働者が次のいずれかの方法を希望した場合には、その方法により労働条件の明示を行うことができます（労働基準法施行規則第5条第4項、平成30.12.28基発1228第15号）。

① ファクシミリを利用して送信する方法

② 電子メールその他のその受信をする者を特定して情報を伝達するために用いられる電気通信（有線、無線その他の電磁的方法により、符号、音響、または影像を送り、伝え、または受けることをいいます（以下「電子メール等」）の送信の方法（その労働者がその電子メール等の記録を出力することにより書面を作成することができるものに限る））。

※「電子メール等」には次の方法が含まれます。

- Eメール、Yahoo! メールや Gmail 等のウェブメールサービス
- ＋メッセージ等の RCS（リッチ・コミュニケーション・サービス）や、SMS（ショート・メール・サービス）
- LINE や Facebook 等の SNS メッセージ機能

ただし、ブログやホームページへの書き込みのように、特定の個人がその入力する情報を電気通信を利用して第三者に閲覧させることに付随し、その第三者がその個人に対し情報を伝達することができる機能が提供されるものについては、「その受信する者を特定して情報を伝達するために用いられる電気通信」には含まれないため、この方法により労働条件の明示を行うことはできません。

Q1 労働条件を LINE で送ったものの、見ていないと言われてしまったが…

採用予定者の希望により、LINE のメッセージ機能を利用して、労働条件を通知したところ、採用予定者より、内容を確認していないといわれてしまいました。本人が内容確認をしていなくても、法令上問題ないでしょうか？

A1 まず、LINE 等の SNS（ソーシャル・ネットワーク・サービス）メッセージ機能を利用した電気通信についても、電子メール等に含まれることから、労働者が希望した場合は、労働条件を LINE で送信することに問題はありません。

なお、行政通達上（平成30.12.28基発1228第15号）、労働者が受信拒否設定をしていたり、電子メール等の着信音が鳴らない設定にしたりしているなどのために、個々の電子メール等の着信の時点で、相手方である受信者がそのことを認識し得ない状態であっても、受信履歴等から電子メール等

　の送信が行われたことを受信者が認識しうるのであれば、電子メール等の送信に該当するものとされています。

　そのため、見ていないといわれた場合も履歴を遡って確認ができれば問題ないといえるでしょう。

　ただし、労働条件の明示をめぐるトラブルや紛争の未然防止の観点を踏まえると、使用者があらかじめ採用者に対し、労働条件をSNS等で送信した後は、受信しているか、内容を確認できているか、必ず採用者本人に確認するべきです。また、その採用者の端末等が前記の設定となっていないか等を確認した上で、送信することが望ましいかと考えます。

　なお、上記のサービスによっては、情報の保存期間が一定期間に限られている場合があることから、採用者が内容を確認しようと考えた際に、情報の閲覧ができない可能性があるため、使用者が労働者に対して、労働者自身で出力による書面の作成等により、情報を保存するように伝えることが望ましいとされています（平成30.12.28基発1228第15号）。

〈書面等に明示事項を記載する際の留意点〉

①	**労働契約の期間に関する事項** 期間の定めのある労働契約の場合は、その期間、期間の定めのない労働契約の場合は、期間の定めのない旨を記載する必要があります（平成11.1.29基発第45号）。
②	**期間の定めをする場合は労働契約を更新する場合の基準に関する事項** 「更新の有無」として、 ア　自動的に更新する イ　更新する場合があり得る ウ　契約の更新はしない 等を記載のうえ、「契約更新の判断基準」として、 ア　契約期間満了時の業務量により判断する イ　労働者の勤務成績、態度により判断する ウ　労働者の能力により判断する

	エ　会社の経営状況により判断する オ　従事している業務の進捗状況により判断する 等を明示することが考えられます（平成24.10.26基発1026第 2 号）。
③	**就業の場所および従事すべき業務に関する事項** 雇入れ直後の就業場所および従事すべき業務を明示すれば足りますが、将来の就業場所や従事させる業務を併せて、網羅的に明示することも差し支えありません（平成11.1.29基発第45号）。
④	**始業および終業の時刻、所定労働時間を超える労働の有無、休憩時間、休日、休暇ならびに労働者を 2 組以上に分けて就業させる場合における就業時転換に関する事項** その労働者に適用される労働時間等に関する具体的な条件を明示しなければなりません。なお、明示すべき内容が膨大となる場合は、所定労働時間を超える労働の有無以外の事項については、勤務の種類ごとの始・終業時刻、休日等に関する考え方を示した上で、その労働者に適用される就業規則上の関係条項名を網羅的に示すことで足りるとされています（平成11.1.29基発第45号）。
⑤	**賃金（退職手当、臨時に支払われる賃金等を除く）の決定、計算および支払の方法、賃金締切および支払いの時期に関する事項** 労働契約締結後、初めて支払われる賃金の決定、計算および支払いの方法ならびに賃金の締切および支払いの時期を記載します。具体的には、基本賃金の額（出来高払制による賃金にあっては、仕事の量（出来高）に対する基本単価および労働時間に応じた保障給の額）、手当（労働基準法第24条第 2 項本文の規定[1]が適用されるものに限る）の額または支給条件、時間外、休日または深夜労働に対して支払われる割増賃金について、特別な割増率を定めている場合にはその率ならびに賃金の締切日および支払日を記載します。 また、就業規則の規定と併せて、賃金に関する事項が確定し得るものであればよく、例えば、就業規則で規定されている賃金等級を示すことでも差し支えありませんが、その場合、当然就業規則を周知することも必要です（昭和51.9.28基発第690号、昭和63.3.14基発150号、平成11.3.31基発168号）。
⑥	**退職に関する事項（解雇の事由も含む）** 退職の事由および手続、解雇の事由等を明示しなければなりませんが、内容が膨大である場合には、就業規則の関係条項名を網羅的に示すことで足りるとされています（平成11.1.29基発45号、平成24.10.26基発1026第 2 号）。

　実務上の観点では、利便性も考慮する必要があるため、前記の留意点に記載のとおり、就業規則上の関係条項名を網羅的に示すことで足りるもの

1　賃金は、賞与等を除き、毎月一回以上、一定の期日を定めて支払わなければならない旨が定められています。

は、その関係条項名を記載して対応することが一般的です。ただし、その内容については該当する就業規則名および関係条番号を示しているため、就業規則が周知されている必要があります。

　なお、上記の明示は、前記のとおり、使用者が「書面等にて明示」すれば足り、「書面等での労働契約の締結」までは、労働基準法上義務付けられていません。ただし、労使間でのトラブル防止の観点から、労使の合意を明確にするため、双方が署名捺印する契約書によって、労働契約を締結することを推奨します。

　また、書面等での明示が義務付けられていない⑦〜⑭についても（定めがある場合は、明示義務があるもの）、関係条項名等を書面等で明示すべきでしょう。特に賃金の一つとなる重要な労働条件の、賞与や退職金の支給の有無等については、書面等でその取扱いを明示すべきといえます。

〈書面等に明示事項を記載する際の留意点〉
（有期契約・パートタイマーの場合）（令和4.6.24雇均発0624第1号）

①	**昇給の有無** 「昇給」については、一つの契約期間の中での賃金の増額を指すものとなります。したがって、有期契約の契約更新時の賃金改定は、書面等での「昇給：有」にはあたりません。 なお、書面等に通知にあたって、「賃金改定：有」と表示し、「賃金改定」が「昇給」のみであるか明らかでない場合等、「昇給」の有無が明らかでない表示にとどまる場合には、法令の義務を履行しているとはいえません。
②	**退職手当の有無** 「退職手当」については、労使間において、労働契約等によってあらかじめ支給条件が明確になっており、退職により支給されるものであればよく、その支給形態が退職一時金であるか、退職年金であるかを問いません。
③	**賞与の有無** 「賞与」については、定期または臨時に支給されるものであって、その支給額があらかじめ確定されていないものをいいます。
④	**相談窓口** 事業主が労働者から苦情を含めた相談を受け付ける窓口をいいます。 なお、明示事項の具体例としては、担当者の氏名、担当者の役職または担当

部署等が考えられます。

昇給や賞与が業績等に基づいて実施されない場合や支給されない可能性がある場合、または退職手当が勤続年数等に基づき支給されない可能性がある場合には、制度としては、「有」と明示しつつも、併せて、昇給や賞与が業績等に基づき実施されないことや、支給されない可能性がある旨、退職手当が勤続年数等に基づいて支給されない可能性がある旨についても明示されるべきといえるでしょう。

なお、これら以外の事項についても、できるだけ書面の交付等により明示するよう努めることとされています（パート・有期労働法第6条第2項）。

いわゆる正規型の労働者と有期契約やパートタイマーについては、前記のとおり、書面等での明示義務となる事項が異なることから、あらかじめ様式を分けておくなどの工夫をすることで、法定の明示事項は、網羅できると考えます。なお、後掲記載の労働条件通知書のモデル様式が厚生労働省から公開されています。前記のとおり、必ずしも使用する必要はありませんが、記載方法等の参考にはなるかと考えます。

（一般労働者用；常用、有期雇用型）

労働条件通知書

年　　月　　日

＿＿＿＿＿＿＿殿

事業場名称・所在地
使用者職氏名

契約期間	期間の定めなし、期間の定めあり（　年　月　日～　年　月　日） ※以下は、「契約期間」について「期間の定めあり」とした場合に記入 1　契約の更新の有無 　［自動的に更新する・更新する場合があり得る・契約の更新はしない・その他（　　　） 　］ 2　契約の更新は次により判断する。 　・契約期間満了時の業務量　　　　・勤務成績、態度　　　　・能力 　・会社の経営状況　・従事している業務の進捗状況 　・その他（　　　　　　　　　　　　　　　　　　　　　　） 【有期雇用特別措置法による特例の対象者の場合】 無期転換申込権が発生しない期間：　Ⅰ（高度専門）・Ⅱ（定年後の高齢者） 　Ⅰ　特定有期業務の開始から完了までの期間（　　年　　か月（上限10年）） 　Ⅱ　定年後引き続いて雇用されている期間
就業の場所	
従事すべき 業務の内容	【有期雇用特別措置法による特例の対象者（高度専門）の場合】 ・特定有期業務（　　　　　　　　　　　　　　開始日：　　　完了日：　　　）
始業、終業の 時刻、休憩時 間、就業時転 換（(1)～(5) のうち該当す るもの一つに ○を付けるこ と。）、所定時 間外労働の有 無に関する事 項	1　始業・終業の時刻等 　(1) 始業（　時　　分）終業（　時　　分） 　【以下のような制度が労働者に適用される場合】 　(2) 変形労働時間制等；（　）単位の変形労働時間制・交替制として、次の勤務時間 　　の組み合わせによる。 　┌始業（　時　分）終業（　時　分）（適用日　　　） 　├始業（　時　分）終業（　時　分）（適用日　　　） 　└始業（　時　分）終業（　時　分）（適用日　　　） 　(3) フレックスタイム制；始業及び終業の時刻は労働者の決定に委ねる。 　　　　　　　　　（ただし、フレキシブルタイム（始業）　時　分から　時　分、 　　　　　　　　　　　　　　　　　　（終業）　時　分から　時　分、 　　　　　　　　　コアタイム　　　　時　分から　時　分） 　(4) 事業場外みなし労働時間制；始業（　時　分）終業（　時　分） 　(5) 裁量労働制；始業（　時　分）終業（　時　分）を基本とし、労働者の決定に委ね 　　る。 ○詳細は、就業規則第　条～第　条、第　条～第　条、第　条～第　条 2　休憩時間（　　）分 3　所定時間外労働の有無（　有　，　無　）
休　　日	・定例日；毎週　　曜日、国民の祝日、その他（　　　　　　　　） ・非定例日；週・月当たり　　日、その他（　　　　　　　） ・1年単位の変形労働時間制の場合―年間　　　日 ○詳細は、就業規則第　条～第　条、第　条～第　条
休　　暇	1　年次有給休暇　6か月継続勤務した場合→　　　　日 　　　　継続勤務6か月以内の年次有給休暇　（有・無） 　　　　→　か月経過で　　日 　　　　時間単位年休（有・無） 2　代替休暇（有・無） 3　その他の休暇　有給（　　　　　　　　） 　　　　　　　　　無給（　　　　　　　　） ○詳細は、就業規則第　条～第　条、第　条～第　条

（次頁に続く）

賃　　金	1　基本賃金　イ　月給（　　　　　円）、ロ　日給（　　　　　円） 　　　　　　　　ハ　時間給（　　　　　円）、 　　　　　　　　ニ　出来高給（基本単価　　　　円、保障給　　　　円） 　　　　　　　　ホ　その他（　　　　　円） 　　　　　　　　ヘ　就業規則に規定されている賃金等級等 　　　　　　　　┌─────────────────────────┐ 　　　　　　　　│　　　　　　　　　　　　　　　　　　　　　　　│ 　　　　　　　　└─────────────────────────┘ 2　諸手当の額又は計算方法 　　イ（　　　手当　　　　円　／計算方法：　　　　　　　　） 　　ロ（　　　手当　　　　円　／計算方法：　　　　　　　　） 　　ハ（　　　手当　　　　円　／計算方法：　　　　　　　　） 　　ニ（　　　手当　　　　円　／計算方法：　　　　　　　　） 3　所定時間外、休日又は深夜労働に対して支払われる割増賃金率 　　イ　所定時間外、法定超　月６０時間以内（　　　）％ 　　　　　　　　　　　　　　月６０時間超　（　　　）％ 　　　　　　　　　　　所定超（　　　）％ 　　ロ　休日　法定休日（　　　）％、法定外休日（　　　）％ 　　ハ　深夜（　　　）％ 4　賃金締切日（　　　）－毎月　　日、（　　　）－毎月　　日 5　賃金支払日（　　　）－毎月　　日、（　　　）－毎月　　日 6　賃金の支払方法（　　　　　　　　　） ┌──────────────────────────────────┐ │7　労使協定に基づく賃金支払時の控除（無　，有（　　　））│ │8　昇給（　有（時期、金額等　　　　　　　　）　，　無　）│ │9　賞与（　有（時期、金額等　　　　　　　　）　，　無　）│ │10　退職金（　有（時期、金額等　　　　　　　）　，　無　）│ └──────────────────────────────────┘
退職に関する事項	1　定年制　（　有　（　　歳）　，　無　） 2　継続雇用制度（　有（　　歳まで）　，　無　） 3　自己都合退職の手続（退職する　　日以上前に届け出ること） 4　解雇の事由及び手続 ┌──────────────────────────────────┐ │　　　　　　　　　　　　　　　　　　　　　　　　　　　　│ └──────────────────────────────────┘ ○詳細は、就業規則第　　条～第　　条、第　　条～第　　条
そ　の　他	・社会保険の加入状況（　厚生年金　健康保険　厚生年金基金　その他（　　　）） ・雇用保険の適用（　有　，　無　） ・雇用管理の改善等に関する事項に係る相談窓口 　　部署名　　　　　　担当者職氏名　　　　　　　　（連絡先　　　　　　） ・その他　┌──────────────────────────┐ 　　　　　└──────────────────────────┘ ┌┈┈┈┈┈┈┈┈┈┈┈┈┈┈┈┈┈┈┈┈┈┈┈┈┈┈┈┈┈┈┈┈┈┈┐ ┊※以下は、「契約期間」について「期間の定めあり」とした場合についての説明です。┊ ┊　労働契約法第18条の規定により、有期労働契約（平成25年4月1日以降に開始するも┊ ┊の）の契約期間が通算５年を超える場合には、労働契約の期間の末日までに労働者か┊ ┊ら申込みをすることにより、当該労働契約の期間の末日の翌日から期間の定めのない┊ ┊労働契約に転換されます。ただし、有期雇用特別措置法による特例の対象となる場合┊ ┊は、この「５年」という期間は、本通知書の「契約期間」欄に明示したとおりとなり┊ ┊ます。　　　　　　　　　　　　　　　　　　　　　　　　　　　　　　　　　　┊ └┈┈┈┈┈┈┈┈┈┈┈┈┈┈┈┈┈┈┈┈┈┈┈┈┈┈┈┈┈┈┈┈┈┈┘

※　以上のほかは、当社就業規則による。

Q2 勤務地について労働条件に明示していなかったため、採用予定者に本社勤務以外嫌だと言われてしまったが…

勤務地について、採用決定時の労働条件に明示することを失念してしまいました。求人募集時や面接等でも、初回の勤務場所は●●支店になることを明示していましたが、採用予定者から●●支店ではなく、本社勤務の強い希望を受けています。本社勤務とせざるを得ないのでしょうか。

A2 労働契約の締結に当たって労働条件が明示されていない場合、使用者は労働基準法違反として、罰則の対象となる旨が規定されています[2]（労働基準法第120条第1項、パート・有期労働法第6条第1項）。

ただし、本社勤務の労働契約が成立するか否かは、労働条件の明示義務の履行とは直接的に関連はせず、これまでの求人募集時の内容や採用面接等での労使間の交渉状況の経緯を踏まえて、判断されることになります。そのため、求人募集時に勤務地を明示し、面接時にも双方で本社勤務を受け入れるようなやり取りをしていなければ、本社勤務を受け入れる必要はありません。

なお、明示された労働条件が事実と相違する場合、労働者は即時に労働契約を解除することができます。この場合、就業のために住居を変更した労働者が契約の解除の日から14

2　労働基準法第120条第1項により、30万円以下の罰金に処する旨が規定。なお、パート・有期労働法第6条第1項の書面等の明示に違反し、都道府県労働局長による助言、指導、勧告を行っても履行されない場合は、公表の対象となるとともに、10万円以下の過料に処せられる旨が規定。

日以内に帰郷する場合は、使用者は必要な旅費を負担しなければなりません（労働基準法第15条第2項、第3項）。

（3）明示のタイミング

　労働条件の書面等の明示時期については、「使用者は、労働契約の締結に際し」行わなければならない旨が規定（労働基準法第15条第1項）されていることから、明示の時期は、労使双方の労働契約の締結意思が確定し、合致した時点となります。そのため、募集時点では、労働基準法上の労働条件の明示義務は必要ないことになります（職業安定法上の明示義務あり（第2編第1章参照））。

　なお、新卒採用等において、採用内定により労働契約が成立していると認められる場合（第3編第3章参照）は、採用内定に際して、労働条件を明示する必要があります。その際に、具体的な就業場所や従事すべき業務等を特定できない場合には、就労の開始時の就業の場所や従事すべき業務等として想定される内容を包括的に示すこととしても差し支えありませんが、具体的に特定できなかった事項については、できる限り早期に決定するように努め、決定次第改めて明示するとともに、その明示する時期についても、明示する措置を実施することが望ましいとされています（平成29.12.20基監発1220第1号）。

　また、前記の「労働契約の締結の際」には、有期労働契約の契約更新をする場合や定年後の再雇用時も含まれることになります。

（4）変更の明示

　労働契約を締結したその後について、就業規則の変更等により労働条件の変更がなされた場合は、労働基準法上の労働条件の明示義務の適用はないとされています（友定事件：平成9年9月10日大阪地判・労判725号32頁）。

　一方で、労働契約法第4条第2項では、労働契約締結時のほか、契約が継続している各場面で、労働契約の内容（労働条件等）をできるだけ書面で確認することが規定されています（この労働契約の内容には、変更された労働契約の内容も含む（平成30.12.28基発1228第17号））。

　したがって、労働条件の変更時において、変更の明示は必ずしも法的には義務付けられていないものの、労使間のトラブルを防止するためには、労働基準法により義務付けられている明示等の場面以外においても、労働契約の締結当事者である労働者および使用者が、契約内容についてお互いに認識し合うことが重要となるため、労働条件の変更内容は可能な限り、書面等により明示すべきでしょう。

Q3　在宅勤務制度を導入することとしたが…

　在宅勤務制度を導入することとしましたが、勤務地が変更、追加されることとなりますので、全従業員に対し、改めて勤務地について、書面等での明示が必要でしょうか。

A3　前記の通り、労働基準法上、「就業の場所」については、雇入れ直後の就業の場所を書面等で記載すれば足り、労働条件の変更時においては、労働条件の明示義務の適用はないとしています。

　したがって、既に採用している既存の従業員については、改めて就業の場所を書面等で明示したり、労働契約書を締結し直したりする等の対応は、法令上義務付けられていません。

　ただし、従業員を新規採用したり、契約社員の契約更新直後から在宅勤務を実施したりするのであれば、就業の場所として、在宅勤務を行う場所を書面等で明示する必要がありま

すので、ご留意ください。

（5）記録の保存

　雇入れ・解雇・災害補償・賃金その他労働関係に関する重要な書類は、5年間（当分の間は3年間）保存しなければなりません（労働基準法第109条、同法施行規則第56条）。

　労働条件通知書や雇用契約書等については、雇入れに関する書類の対象となることから、労働者の退職日から起算して、5年間（当分の間は3年間）保存しなければなりません（改正労働基準法に関するQ&A[3] Q2-1）。

〈参考〉特例に関する労働条件の明示

　労働契約法の改正により、平成25年4月より、いわゆる「無期転換ルール」が定められています。

　無期転換ルールは、同一の使用者との間で、有期労働契約が通算で5年を超えて更新された場合は、有期契約の労働者（契約社員やアルバイトなどの名称を問わず、雇用期間が定められた従業員）の申込みにより、期間の定めのない労働契約（無期労働契約）に転換されます。通算契約期間のカウントは、平成25年4月1日以後に開始する有期労働契約が対象です（更新する場合も含む）（労働契約法第18条第1項）。

　また、平成27年4月には有期雇用特別措置法が施行され、専門知識等を有する有期雇用労働者や定年に達した後、引き続いて雇用される労働者（専門的知識等を有する有期雇用労働者等に関する特別措置法（以下「有期雇用特別措置法」）第2条、同法施行規則第1条）については、その特性に応じた雇用管理に関する特別な措置が講じられる場合（有期雇用特別措置

3　出典：厚生労働省HP（https://www.mhlw.go.jp/content/000617980.pdf）

法第3条から第7条、事業主が行う特定有期雇用労働者の特性に応じた雇用管理に関する措置に関する基本的な指針　第2（平成27.3.18厚労告69号　最終改正令和3.3.24厚労告93号））に、無期転換申込権発生までの期間に関する特例が適用できることとされ、プロジェクトに係る期間や定年後引き続いて雇用されている期間は、それぞれ無期転換申込権が発生しない期間とすることができます（有期雇用特別措置法第8条）。

　なお、特例の適用にあたっては、紛争の防止の観点から、事業主は、労働契約の締結・更新時に、特例の対象となる労働者に対して、次のとおり明示が必要となることに留意してください（特定有期雇用労働者に係る労働基準法施行規則第5条の特例を定める省令）。

① 高度専門職に対しては、プロジェクトに係る期間（最長10年）が、継続雇用の高齢者に対しては、定年後引き続いて雇用されている期間が、それぞれ無期転換申込権が発生しない期間であることを書面で明示すること

② 高度専門職に対しては、特例の対象となるプロジェクトの具体的な範囲も書面で明示すること

〈参考〉令和6年4月からの労働条件明示の改正

　令和6年4月より労働契約締結・更新時の労働条件明示事項が次の通り追加されます。

全ての労働者に対する明示事項	
①	就業場所・業務の変更の範囲の明示（労働基準法施行規則第5条の改正）
	全ての労働契約の締結と有期労働契約の更新のタイミングごとに、「雇入れ直後」の就業場所・業務の内容に加え、これらの「変更の範囲」についても明示が必要となります。 なお、「変更の範囲」とは将来の配置転換などによって変わり得る就業場所・業務の範囲を指します。

有期契約に対する明示事項等	
②	更新上限の明示（労働基準法施行規則第5条の改正）
	有期契約の締結と契約更新のタイミングごとに、更新上限（有期契約の通算契約期間または更新回数の上限）の有無と内容の明示が必要です。 なお、最初の契約締結より後に更新上限を新たに設ける場合、または最初の契約締結の際に設けていた更新上限を短縮する場合は、更新上限を新たに設ける、または短縮する理由を有期契約社員にあらかじめ（更新上限の新設・短縮する前のタイミングで）説明することが必要です（有期労働契約の締結、更新および雇止めに関する基準　平成15.10.22厚労告第357号　最終改正令和5.3.30厚労告第114号（以下「改正雇止め基準」））。
③	無期転換申込機会の明示（労働基準法施行規則第5条の改正）
	「無期転換申込権」が発生するタイミングごとに、無期転換を申し込むことができる旨（無期転換申込機会）の明示が必要となります。なお、無期転換申込権の発生後、有期契約を引き続き更新する場合は、更新のたびに明示が必要です。
④	無期転換後の労働条件の明示（労働基準法施行規則第5条の改正）
	「無期転換申込権」が発生するタイミングごとに、無期転換後の労働条件の明示が必要となります。また、③と同様に無期転換申込権の発生後、有期契約を引き続き更新する場合は、更新のたびに明示が必要です。 なお、「無期転換申込権」が発生する更新のタイミングごとに無期転換後の賃金等の労働条件を決定するにあたって、他の通常の労働者（正社員等、いわゆる正規型の労働者および無期雇用フルタイム労働者）とのバランスを考慮した事項（例：業務内容、責任の程度、異動の有無・範囲など）について、有期契約社員に説明するよう努めなければならないこととなります（改正雇止め基準）。

（6）その他労働契約における留意点

●有期労働契約の期間

　期間を定めて締結する労働契約については、その期間について一定の制限が設けられています。

　長期労働契約による人身拘束の弊害を排除するため、有期労働契約は、一定の有期事業の完了に必要な期間を定めるものの他は、原則として、3年を超える期間について、労働契約を締結してはならないこととされてい

ます。ただし、①高度の専門的知識等を必要とする業務に就く者との間に締結する労働契約、②満60歳以上の労働者との間に締結する労働契約、に関する期間の上限は5年とされています（労働基準法第14条第1項）。

　なお、前記については、契約更新を制限するものではありませんので、契約更新をすることによって、結果、上限期間を超えたとしても、それは労働基準法に違反するものではありません。

　次に、契約期間の下限については、労働基準法には定めはありませんが、労働契約法第17条第2項により、「使用者は、有期労働契約について、その有期労働契約により労働者を使用する目的に照らして、必要以上に短い期間を定めることにより、その有期労働契約を反復して更新することのないよう配慮しなければならない。」とされています。

　また、いわゆる「雇止め基準」（有期労働契約の締結、更新及び雇止めに関する基準（平成15.10.22厚労告第357号　最終改正令和5.3.30厚労告第114号））の中でも、「使用者は、有期労働契約（当該契約を一回以上更新し、かつ、雇入れの日から起算して一年を超えて継続勤務している者に係るものに限る）を更新しようとする場合においては、当該契約の実態及び当該労働者の希望に応じて、契約期間をできる限り長くするよう努めなければならない」とされています。

● 賠償予定と違約金の禁止

　労働基準法第16条により、労働契約の不履行について違約金を定めたり、または損害賠償額を予定する契約をしてはならないとされているため、使用者が労働契約を履行しない場合に備えて、退職を防止するため、または違反行為に備えて、過怠金や罰金制度等を設けるような労働契約は、法令上禁止されています。

　ただし、禁止されているのは、あくまでも違約金等をあらかじめ金額で予定することを禁止としているため、実際に労働者の故意や過失による損害が発生したときに被った損害を算定し、これを請求することは差支えな

いとされています（昭和22.9.13基発17号）。

　なお、実際の裁判の中では、労働者の違反事由とその賠償金額について
は、ある程度の制限があり、全額の賠償が認められるとは限りません。

2 パートタイム・有期契約労働者への雇入れ時の説明義務

（1）雇入れ時の説明義務について

　パートタイマーや有期契約労働者を雇い入れたとき（労働契約の更新時
を含む）は、事業主は、実施する雇用管理の改善等に関する措置の内容を
説明することが義務付けられています（パート・有期労働法第14条第1項）。

（2）説明義務の内容

　事業主による雇入れ時の説明義務の内容は、次の通りです。

〈雇入れ時の説明義務の内容〉（令和4.6.24雇均発0624第1号）

項目	内容
① 不合理な待遇の禁止（パート・有期労働法第8条）	通常の労働者の待遇との間で不合理な相違を設けていない旨
② 通常の労働者と同視すべき短時間・有期雇用労働者に対する差別的取扱いの禁止（パート・有期労働法第9条）	通常の労働者と同視すべき短時間・有期雇用労働者に対する差別的取扱いをしない旨
③ 賃金（パート・有期労働法第10条）	職務の内容、職務の成果等のうち、どの要素を勘案した賃金制度となっているか
④ 教育訓練（パート・有期労働法第11条）	どのような教育訓練が実施されるか
⑤ 福利厚生施設（パート・有期労働法第12条）	どのような福利厚生施設を利用できるか
⑥ 通常の労働者への転換（パート・有期労働法第13条）	どのような通常の労働者への転換推進措置を実施しているか

　前記表の通り、措置の状況について説明すれば足りるものであり、その理由までは説明の範囲に含まれません。また、個々のパートタイマーや有期契約労働者ごとに説明を行うほか、雇入れ時の説明会等において複数のパートタイマーや有期契約労働者に同時に説明を行う等の方法でも差支えありません。

　この説明義務は、パートタイマーや有期契約労働者が、事業主が講ずる雇用管理の改善等の措置の内容を理解することができるよう、資料を活用し、口頭により行うことを基本としています。

　ただし、説明すべき事項を全て記載したパートタイマーや有期契約労働者が容易に理解できる内容の資料を用いる場合には、その資料を交付する等の方法でも差し支えありません。

　基本とされている資料を活用し、口頭により行う場合においては、活用資料として、就業規則、賃金規程、通常の労働者の待遇の内容のみを記載した資料が考えられます。また、事業主が講ずる雇用管理等の措置をパートタイマーや有期契約労働者が的確に理解することができるようにする観点から、説明に活用した資料をパートタイマーや有期契約労働者に交付することが可能な場合には、その資料を交付することが望ましい措置とされています（後記P271参照）。

　次に説明すべき事項を全て記載したパートタイマーや有期契約労働者が容易に理解できる内容の資料を用いる場合は、その資料の待遇内容の説明に関して、就業規則の条項を記載し、その詳細は、別途就業規則を閲覧させるという方法も考えられます。ただし、事業主は、就業規則を閲覧する者からの質問に対して、事業主は、誠実に対応する必要があります（令和4.6.24雇均発0624第1号）。

　説明義務違反[4]と問われることのないように、説明を行った事実を残しておくことが重要となるため、資料の交付等による対応が適切だと言えるでしょう。

　なお、有期契約労働者については、労働契約の更新をもって「雇い入れる」こととなるため、その都度説明義務が求められることになります。また、雇入れ時の説明義務の他、パートタイマーや有期契約労働者から求めがあったときは、通常の労働者との間の待遇の相違の内容、理由および待遇の決定にあたって考慮した事項についても説明しなければならないことにご留意ください（パート・有期労働法第14条第2項）。

4　事業主に対して、報告を求め、または助言、指導もしくは勧告をすることができる旨が規定され、その勧告を受けた者がこれに従わなかったときは、その旨を公表することができる旨が規定（パート・有期労働法第18条第1項、2項）。第18条第1項の規定による報告をせず、または虚偽の報告をした者は、20万円以下の過料に処する旨が規定（パート・有期労働法第30条第1項、2項）。

パートタイム・有期雇用労働者の雇用管理の改善措置の内容について

年　　月　　日

〇〇　〇〇　様

事業所名
使用者職氏名

　パートタイム・有期雇用労働者の雇用管理の改善措置の内容について、パート・有期労働法に基づいて、下記のとおりお知らせします。
　ご不明な点がありましたら、相談窓口までお問い合わせください。説明を求めたことを理由とした不利益な取扱いを行うことはありませんので、安心してご相談ください。
　　相談窓口：〇〇課　〇〇　〇〇（内線：1234）メールアドレス　xxxxxxxxx@xx

1　通常の労働者との均衡待遇
　　【例】待遇について、通常の労働者との間で不合理な相違を設けません。

2　賃金制度
　　【例】基本給について、1年以上勤続しているパートタイム・有期雇用労働者は、人事評価
　　　　制度に基づいて勤務成績、職務遂行能力を勘案して昇給を行います。昇給は原則とし
　　　　て年1回とし、4月に実施します。

3　教育訓練
　　【例】以下の教育訓練を実施します。
　　　　・〇〇研修（入社初日から2日間実施します。集合場所は別途連絡します。）
　　　　・▲▲研修（10月頃実施予定。別途連絡します。）

4　福利厚生施設
　　【例】給食施設：2階の食堂を利用できます。
　　　　休憩室：1階の休憩室を利用できます。
　　　　更衣室：1階の休憩室に併設している更衣室を利用できます。

5　正社員転換推進措置
　　【例】パートタイム・有期雇用労働者の正社員への転換を図る措置として、ハローワークに
　　　　正社員募集に係る求人票を出す場合、その募集内容を事業所内でも掲示するほか、社
　　　　内メールなどにより、パートタイム・有期雇用労働者に対して周知します。外部からの
　　　　申込みの有無にかかわらず公正な選考を行います。

---

3 入社時の提出書類

（1）提出書類について

　入社時に従業員に提出させる必要性がある書類は、会社としてどのような書類があるでしょうか。

　提出書類については、社会保険等の法定として必要な手続きや給与計算の際に必要となる書類等、いわゆる事務手続きとして必要な書類のほか、労務管理上、リスク管理の必要性から提出を求める書類があります。

　なお、これらの書類を収集する際には、その利用目的をできる限り特定し、あらかじめその利用目的を公表している場合を除き、本人に対し、利用目的の通知または公表が必要です（個人情報保護法第17条、第21条）。

（2）事務手続きとして必要な書類

　従業員が入社し、法定要件を満たした場合、会社は、社会保険（健康保険・厚生年金保険）や雇用保険の加入手続きを行うこととなります。

　また、所得税等の税金関係や社会保険料等を賃金から毎月控除し、これを納付する義務があります。

　したがって、これらの事務手続きにおいて必要な情報が記載されている書類を、次のとおり求めることとなります。

---

① 個人番号（以下「マイナンバー」）を確認できる書類（扶養家族も含む）

② 基礎年金番号通知書（年金手帳）

③ 雇用保険被保険者証（雇用保険被保険者番号）

④ 給与所得者の扶養控除等申告書

⑤ 源泉徴収票

⑥ 住民票記載事項証明書

⑦ 銀行口座への給与振込の同意書

⑧ 通勤経路申請書

●マイナンバーについて

　マイナンバーを利用することができる範囲については、社会保障、税および災害対策に関する特定の事務に限定されています（行政手続における特定の個人を識別するための番号の利用等に関する法律（以下「番号法」）第9条）。他の個人情報と同様、マイナンバーも番号法により、あらかじめ限定的に定めた事務の範囲の中から、具体的な利用目的を特定した上で、利用するのが原則となります。

　ただし、他の個人情報とは異なり、マイナンバーは、本人の同意があったとしても、原則として、これらの事務以外でマイナンバーを利用してはなりません（番号法第30条第2項、個人情報保護法第18条第1項、特定個人情報の適正な取扱いに関するガイドライン（事業者編））。

　また、本人または代理人からマイナンバーの提供を受ける時には、番号法に基づく本人確認措置を、次のとおり行うことが義務付けられています（番号法第16条第1項、同法施行令第12条）。

　本人確認措置は、「番号確認」と「身元（実存）確認」を行います。

① 番号確認：提供された個人番号が正しい番号であることの確認

② 身元（実存）確認：個人番号の提供を行う者が番号の正当な持ち主であることの確認

〈確認方法〉

●マイナンバーカード（番号確認と身元確認）

●通知カード（※）（番号確認）と運転免許証など（身元確認）

●マイナンバーの記載された住民票の写しなど（番号確認）と運転免許証など（身元確認）

（※）「通知カード」は令和2年5月25日に廃止されていますが、通知カードに記載された氏名、住所等が住民票に記載されている事項と一致している場合に限り、引き続き通知カードを番号確認書類として使用できます（よくある質問　民間事業者における取り扱いについてQ4-3-4：デジタル庁）。

マイナンバーは、番号法において、個人情報保護法に定められる措置の特例として、マイナンバーをその内容に含む個人情報の利用範囲を限定する等、より厳格な保護措置が定められています。

Q4 マイナンバーの提出を従業員から断られてしまったが…

　会社からマイナンバーの提出を従業員へ依頼したところ、本人からマイナンバーの提出を拒否されてしまいました。改めて本人へ提出を促すなどの必要はあるのでしょうか。

A4 　社会保障や税の決められた書類にマイナンバーを記載することは、法令で定められた義務であることを周知し、改めて提供を求めてください。それでもなお、提供を受けられないときは、書類の提出先の機関の指示に従うこととなります（よくある質問　民間事業者における取り扱いについて Q4-2-6）。

●健康保険・厚生年金保険（以下「社会保険」）・雇用保険の加入について

　社会保険の適用事業所に常用的に使用されるものは、本人の意思にかかわらず、適用除外に該当する場合を除き、原則全ての従業員（法人の代表や役員も含む）が加入対象となります。健康保険は75歳、厚生年金保険は70歳までの年齢要件があります。

　適用除外に該当する場合は、次のとおりですが、一定期間を超え雇用される場合は、「常用的に使用される」ものとみなされ、被保険者となります。

被保険者とされない人（適用除外）	被保険者となる場合
●日々雇い入れられる人	1カ月を超えて引き続き使用されるようになった場合は、その日から被保険者となる。
●2カ月以内の期間を定めて使用される人	当初の雇用期間が2カ月以内であっても、当該期間を超えて雇用されることが見込まれる場合は、契約当初から被保険者となる。
●所在地が一定しない事業所に使用される人	―
●季節的業務（4カ月以内）に使用される人	継続して4カ月を超える予定で使用される場合は、当初から被保険者となる。
臨時的事業の事業所（6カ月以内）に使用される人	継続して6カ月を超える予定で使用される場合は、当初から被保険者となる。

（日本年金機構 HP「適用事業所と被保険者」を一部改変）

　なお、パートタイマーやアルバイトなどの短時間労働者についても、事業所と常用的使用関係にある場合は、被保険者となり、社会保険の加入が必要です。具体的な基準としては、1週間の所定労働時間および1カ月の所定労働日数が同じ事業所で同様の業務に従事している、いわゆる正社員の4分の3以上である従業員が対象となります。

　また、社会保険の適用拡大により、常時101人（令和6年10月からは51人）以上の被保険者を使用する場合（以下「特定適用事業所」）、特定適用事業所で勤務する短時間労働者は、1週間の所定労働時間および1カ月の所定

労働日数が4分の3未満であっても、次の①から③の全ての要件に該当する場合は、前記の適用除外に該当する場合を除き、社会保険の加入が義務付けられます。

① 週の所定労働時間が20時間以上あること

② 賃金の月額が8.8万円以上であること

③ 学生でないこと

（日本年金機構HP「適用事業所と被保険者」）

次に、雇用保険の適用事業に雇用される労働者についても、本人の意思にかかわらず、原則として、次の①および②のいずれにも該当する場合は、雇用保険の被保険者となります。

① 31日以上引き続き雇用されることが見込まれる者であること。具体的には、次のいずれかに該当する場合をいいます。

　ア　期間の定めがなく雇用される場合

　イ　雇用期間が31日以上である場合

　ウ　雇用契約に更新規定があり、31日未満での雇止めの明示がない場合

　エ　雇用契約に更新規定はないが同様の雇用契約により雇用された労働者が31日以上雇用された実績がある場合（注）

（注）当初の雇入れ時には31日以上雇用されることが見込まれない場合であってもその後、31日以上雇用されることが見込まれることとなった場合には、その時点から雇用保険が適用されます。

② 1週間の所定労働時間が20時間以上であること。

（厚生労働省HP「雇用保険の加入手続はきちんとなされていますか！」）

　なお、社会保険の資格取得時については、原則として、マイナンバーの記載が必要となります（協会管掌の社会保険の資格取得の場合は、マイナンバーまたは基礎年金番号）。

　また、雇用保険については、ハローワークにおいて、被保険者と個人番

号との紐付けを行うための基本4情報（氏名、性別、生年月日、住所）の
うち住所情報を有していないことから、従業員の個人番号を収集し、被保
険者番号との紐付けを行う必要があります。

　そのため、雇用保険の資格取得時には、マイナンバーと雇用保険被保険
者番号の両方を記載して届出することとなります（雇用保険業務等におけ
る社会保障・税番号制度への対応に係るQ＆A[5] Q6）。

Q5　社会保険、雇用保険取得時に週の所定労働時間が定まっていない場合は…

　　特定適用事業所で従業員を採用することとなりましたが、
月単位で勤務シフトが決定し、週の所定労働時間が定まって
いない場合、社会保険、雇用保険の資格取得時は、どのよう
に週の所定労働時間を捉える必要があるでしょうか。

A5

　次のとおり、週の所定労働時間を取り扱います。
- 1カ月単位で定められている場合
→　1カ月の所定労働時間×12÷52

　1年間を52週とし、1カ月を12分の52週とし、12分の
52で除すことで1週間の所定労働時間を算出します。

　なお、1年単位で定められている場合は、1年の所定労
働時間を52で除して算出します。その他、4週5休制等の
ため、1週間の所定労働時間が短期的かつ周期的に変動し
一定ではない場合等は、その周期における1週間の所定労
働時間を平均し、算出することとなります。

（短時間労働者に対する健康保険・厚生年金保険の適用拡大

5　出典：厚生労働省HP（https://www.mhlw.go.jp/file/06-Seisakujouhou-11600000-Shokugyo
uanteikyoku/20180507QA_2.pdf）

> ### Q&A集（その2）[6] 問28、29、31）
> ### （厚生労働省：雇用保険事務手続きの手引き）

●給与所得者の扶養控除等申告書について

　給与の支払を受ける人（給与所得者）が、その給与について扶養控除などの諸控除を受けるために申告が必要となる手続書類です。提出時期については、その年の最初に給与の支払いを受ける日の前日（中途就職の場合には、就職後最初の給与の支払いを受ける日の前日）までに提出が必要です（所得税法第194条）。

　また、当初提出した申告書の記載内容に異動があった場合には、その異動の日後、最初に給与の支払いを受ける日の前日までに異動の内容等を記載した申告書を提出する必要があります。

　なお、国内において給与の支給を受ける居住者は、源泉控除対象配偶者や扶養親族の有無にかかわらず原則としてこの申告が必要です。

　この申告を行わない場合は、月々の源泉徴収の際に受けることのできる諸控除が受けられず、また、年末調整も行われないことになります。

　なお、2ヶ所以上の給与の支払者から給与の支払いを受ける場合には、そのいずれか1ヶ所の給与支払者に対してのみ提出することができます（所得税法第194条、同法施行令第316条の2、同法施行規則第73条、73条の2、所得税基本通達194〜198共−3）。

　前記の通り、この申告書は、いずれか1ヶ所の給与支払者に対してのみ提出することができることから、副業等、ダブルワークに従事している従業員は、どちらかの会社にのみ提出することとなります。通常は、主たる給与の支払い先（収入が多い方）に提出するため、入社時に画一的に提出

6　出典：日本年金機構HP（https://www.nenkin.go.jp/service/kounen/tekiyo/jigyosho/tanjikan.files/08.pdf）

を求めることのないように留意する必要があります。

●**住民票記載事項証明書について**

　採用時に戸籍謄（抄）本や住民票の写し等の提出を求める旨を就業規則に提出書類として規定している会社もありますが、住民票には、請求者本人の氏名、性別、続柄、生年月日、現住所（転居したことがある人の場合には旧住所）等のほか、請求者の求めに応じて、本籍地や同一世帯に居住する家族等の情報も記載されているため、個人情報の観点や同和問題の観点からも入社時の提出書類として提出を求めることは、望ましくありません。

　行政通達上も、戸籍謄（抄）本や住民票の写しは、画一的に提出または提示を求めないようにすることが記載されていることから、入社時の提出書類としては、可能な限り住民票記載事項証明書の提出を求めることが適切です（平成11.3.31基発168号）。

●**銀行口座への給与振込の同意書**

　普段当たり前のように、従業員の銀行口座へ給与振込を行っていますが、賃金は労働条件の中でも特に重要な条件となるため、労働基準法第24条により①通貨で、②直接労働者に、③その全額を、④毎月１回以上、⑤一定の期日を定めて支払わなければならない旨が規定され、使用者に一定の制約を課しています。

　そのため、実は使用者が労働者に対し賃金を支払う場合は、①の通貨払いの原則を適用することとなり、口座振込ではなく、通貨で賃金を支払うことが原則となっています。

　この点、労働基準法施行規則によると、賃金の支払方法については、通貨のほか、労働者の同意を得た場合には、労働者が指定する銀行その他の金融機関の預金または貯金の口座への振込み等によることができることとされ、労働者の同意を条件に、労働者が指定する銀行口座への給与振込を可能としています（労働基準法施行規則第７条の２第１項）。

そのため、本人の同意がないにも関わらず、使用者が一方的に会社の指定する銀行口座等に給与振込を行うことは認められておらず、本人の同意のうえ、本人が指定する銀行口座への給与振込が必要となります。

さらに行政通達（令和4.11.28基発1128第4号）上においては、書面または電磁的記録による個々の労働者の同意のほか、過半数労働組合等の労使協定の締結や賃金の支払いに関する計算書を交付すること等が指導内容として示されています（労働基準法施行規則第7条の2第3号）。

なお、令和5年4月より、賃金支払に関する労使の新たな選択肢として、一定の要件を満たした場合は、資金移動業者の口座への賃金支払（いわゆる賃金のデジタル払い）が認められています。

●源泉徴収票、通期経路申請等

前職の収入が本年中にある場合は、源泉徴収票の提出を求めます。その他、通勤手当を支給する場合は、経路確認のため、通勤経路申請書の提出を求めることが一般的です。

なお、（2）冒頭に掲げた①から⑧の提出書類のほか、必要に応じ、柔軟に提出書類を求められるよう、就業規則に「その他、会社が必要とする書類」と規定しておくことが通例です。

（3）リスク管理として必要な書類

一方で、法的な手続や給与計算等の事務手続として必要とする書類以外に、会社として、いわゆるリスク管理としての提出書類は、必要に応じ、次のようなものが考えられます。

① 身元保証書

② 入社時誓約書

③ 緊急連絡先

●身元保証書について

会社によって、採用にあたり、使用者が労働者に身元保証人を立てさせ

る例があります。

　身元保証契約によって、労働者本人が使用者に対して及ぼした損害について、保証人が責任を負うことになりますが、保証期間が長期に及んでいたり、責任範囲が無制限では、保証人にとって過大な負担となってしまうため、身元保証に関する法律によって、身元保証契約の存続期間や保証責任の限度等について規定がされています。

　身元保証契約の存続期間は、期間の定めのない場合は、3年とされ、期間の定めをした場合でも、最長で5年とされています。この身元保証契約は、更新も可能ですが、その期間は5年が限度です（身元保証ニ関スル法律（以下「身元保証法」）第1条、第2条）。

　なお、「契約期間の満了時に異議がない時は更新する」という自動更新の規定があっても、無効となることとなり、更新する際には、新たに契約を締結する必要があります。

　保証責任の限度としては、裁判所は、身元保証人の損害賠償の責任およびその金額を定めるにあたっては、被用者の監督に関する使用者の過失の有無、身元保証人が身元保証をなすに至った事由およびこれをなすにあたり用いた注意の程度、被用者の任務または身分上の変化その他一切の事情を斟酌すると規定されています（身元保証法第5条）。

　つまり、保証人が賠償する額は、損害額そのものではなく、裁判所が合理的な額について定めることになります。

　なお、実務上においては、入社時に身元保証書の提出を求めたものの、契約更新を必要とする認識がない、または永久に適用できるといった誤った解釈をしている会社が一定数あることから、身元保証書を提出させるのであれば、万一の損害賠償に備え、契約更新等の定期的なメンテナンスが必要となることに留意が必要です。

　また、身元保証契約は、保証人にとって被保証人である従業員の行為によって、いつ、どんな責任を負うことになるのか予測することは困難であ

り、このような保証契約は民法に定める「根保証契約」に該当します。

　令和2年4月に施行された改正民法では「個人根保証契約は、前項に規定する極度額を定めていなければ、その効力を生じない」と定められ（民法第465条の2第2項）、極度額については、保証責任の限度額となることから、令和2年4月以降の個人に対する身元保証契約において、極度額の設定が必要となり、この極度額の定められていない身元保証契約は無効となることになります。

　このように賠償責任の範囲についても、無制限に全額負担するものではなく、保証責任の範囲などを十分確認した上で、身元保証書を提出させるのがよいでしょう。また、緊急連絡先の確保等、本来の身元保証書の目的と異なる目的で書類を受領している場合は、書類名称そのものを変更することも選択肢のひとつとなります。

●入社時誓約書、緊急連絡先

　入社時誓約書は、法令上、義務付けられている書類ではなく、様式や内容に決まりはありません。会社の業種によっても内容は異なりますが、一般的な内容としては、就業規則・諸規程の遵守や秘密保持義務、競業避止義務、虚偽事項がないことの確認や損害賠償義務、違反した場合の懲戒処分の実施等の記載があげられます。

　法的効果の有無は、その内容にもよるため、提出させる意味としては、遵守事項の確認や注意喚起を促す意味が強いと考えられます。

　また、無断欠勤や従業員と連絡が取れなくなる場合もあり得ることから、緊急時に備えて、必ず緊急連絡先は確認するべきでしょう。

4　試用期間の運用

（1）試用期間とは

　試用期間とは、労働者が入社後一定期間を「試用期間」として、会社が

労働者の人物、能力等の適格性を判定し、本採用とするか否かを決定する期間をいいます。

　会社は、募集、選考段階を経て、労働者を採用することになりますが、現実的には労働者が提供する労働力は、実際に仕事をしてみなければ本当の評価は困難であるため、一般的には多くの会社で試用期間を設け、実際に業務の遂行状況により適格性を判定し、本採用の可否を判断しています。

　試用期間自体に、「試用期間を設けなければならない」または、「試用期間は、●ヶ月でなければならない」といった法令上の規定は、労働基準法をはじめ、他の法律にもありません。ただし、「試用期間は、会社が任意で延長できる」または、「試用期間中は、自由に本採用を拒否できる」といった誤った解釈により、実際に「試用期間の長さを巡る」、または「試用期間中および試用期間満了による本採用の拒否（解雇）」の適法性が争われた裁判例が数多くあり、特に新卒採用に比べ、中途採用の場合は、本採用拒否の事案が生じる可能性が高く、紛争等に発展するリスクが高いことから、試用期間の基本的な考え方、留意点については、しっかりと把握する必要があります。

（2）基本的な考え方

　労働契約上、試用期間を設ける場合は、前記の通り法令上の定めがないため、就業規則に次のような規定を定めることが必要です。

第●条（試用期間）

　　社員として採用された者については、採用の日から３カ月を試用期間とする。

2．試用期間は、会社が社員としての適性、勤務態度、職務遂行能力等について判定する期間とする。

3．試用期間中に社員としての適性を判断できなかった場合は、当初

　の試用期間が満了してから 3 か月を超えない範囲でこれを延長する

　　ことがある。この場合、当初の試用期間が満了する日までに書面で

　　本人に通知する。

4．試用期間中または試用期間満了のときに勤務適性を判定のうえ、

　　社員として不適格と認められる社員については、解雇する。

5．前項の解雇の決定の日が採用の日から14日以内のときは、解雇予

　　告手当は支給しない。

6．試用期間は勤続年数に通算する。

　試用期間の期間は、 3 カ月と規定することが最も多く、 3 カ月から 6 カ月の範囲で試用期間を規定することが一般的です。

　また、多くの裁判例は、三菱樹脂事件（昭和48年12月 1 日最大判・民集27巻11号1536頁）の最高裁判決を踏襲し、試用期間は、当初から無期の労働契約が成立したものとしつつ、労働者の適格性の欠如が判明した場合には、その契約を解約する（解雇）権限が留保されたものと捉え、いわゆる解約権留保付の労働契約であると判断しています。

　そのため、試用期間中または試用期間満了における本採用拒否についても、前記の通り労働契約の解雇にあたることから、原則として、使用者は、労働者を解雇しようとする場合は、少なくとも30日前にその予告をしなければならず、30日前に予告をしない場合は、30日分以上の平均賃金を支払わなければならないとされています（労働基準法第20条第 1 項）。なお、試用期間開始から14日を超えて解雇をする場合は、前記の通りとなりますが、14日を超えていない場合は、同条解雇予告の規定の適用はありません（労働基準法第21条但し書 4 号）。

（3）試用期間解雇の適法性

　では、どんなときに本採用拒否の解約権が行使でき得るでしょうか。多

くの裁判例は、前記の最高裁判決に従って、試用期間中の解約権の行使に関して、通常の解雇よりも広い範囲における解雇の自由が認められるものの、その解約権は、試用期間の趣旨・目的に照らして客観的に合理的な理由があり、社会通念上相当と是認されるものではなくてはならないとしています。具体的な基準としては、採用の当初知ることができず、または、知ることが期待できなかったような事実が、試用期間中に判明し、そのような事実に照らし、その者を引き続き雇用しておくことが適当ではないと判断することに、客観的合理性が認められるような場合は、解約権の行使が認められると解されています。

　つまり、試用期間は、通常よりも解雇の自由が広く認められるものとされていますが、もちろん合理的で社会通念上相当と思われる理由があることが前提ということになります。そのため、単に「企業の風土と合わない」などの客観的な合理性のない理由や、「思ったより仕事ができない」というような、曖昧な理由、欠勤が1日あっただけで勤怠不良とみなすなど、社会通念上、正当と認められない理由による試用期間中または試用期間満了による一方的な解雇（本採用拒否）は難しいといえるでしょう。

　この点、判例によると、試用期間における解雇を有効、無効とした事案として、次のような事案があげられています。

---

　① 日本基礎技術事件：平成24年2月10日大阪高判・労判1045号5頁

　〈概略〉

　建設コンサルタントおよび地盤調査等工事会社Yで、試用期間中の新卒社員Xが技術社員としての資質や能力などの適格性に問題があるとして、解雇の意思表示を受けたが、解雇は無効であるとして、地位確認、賃金の支払いを求めた事案です。

　第二審大阪高裁は、試用期間中の解約権の留保は、通常の解雇より

も広い範囲における解雇の自由が認められてしかるべきものであるとした上で、4カ月弱が経過した時点で、繰り返し行われた指導による改善の程度が期待を下回っており、睡眠不足については、ようやく少し改められたところがあったという程度で、いまだ改善とはいえないなど研修に臨む姿勢についても疑問を抱かせるものであり、今後指導を継続しても、能力を飛躍的に向上させ、技術社員として必要な程度の能力を身につける見込みも立たなかったと評価されてもやむを得ない状態であるとしています。

　一方、Xも改善の必要性は十分認識し、改善に必要な努力の機会も十分に与えられていたというべきで、Yも本採用すべく十分な指導、教育を行って解雇回避の努力を怠っていたとはいえないことから、解雇はXの技術社員としての適性不足と、改善可能性の少なさにあり、解雇権の濫用にはあたらないとしています。

〈解雇の有効性〉

適格性・改善可能性がなく解雇が有効

② ブレーンベース事件：平成13年12月25日東京地判・労経連1789号
　　22頁

〈概略〉

　医療材料・機器の製造販売を業とする株式会社Yに、試用期間3カ月として雇用契約を締結し、販売商品の発送業務、商品発表会の開催案内をパソコンのファックスモデムを利用して、全国歯科医への送信等を行い、将来的には商品知識習得後、顧客となるべき歯科医等への商品説明業務にも従事することが期待されて入社したX(中途採用)

が、試用期間中に、前記業務に従事していたところ、歯科医が緊急を
要するとして発注してきた依頼に速やかに応じない態度をとり、また
採用面接時にパソコン使用に精通していると述べたにもかかわらず、
それほど困難でない作業も満足に行うことができないほか、会社業務
にとって重要な商品発表会の翌日には参加者にお礼の電話等をするな
どの業務が行われ、社員は必ず出勤するという慣行になっているにも
かかわらず、休暇を取得するなどしたことを理由に、試用期間満了直
前に解雇されたことから、解雇は解雇権濫用にあたるなどと主張して、
労働契約上の地位確認および賃金支払を請求したケースで、本件解雇
は客観的に合理的な理由が存し、社会通念上相当と是認される場合に
該当するとしています。

〈解雇の有効性〉
客観的に合理的な理由が存し、社会通念上相当として解雇が有効

③ニュース証券事件：平成21年9月15日東京高判・労判991号153頁

〈概略〉
　証券会社に、期間の定めのない雇用契約により6カ月間を試用期間
として営業職の正社員に雇用された「ウエルスマネージメント本部」
の課長が、試用期間満了前に営業担当の資質に欠けるとして解雇され
たため、解雇が無効であるとして、地位確認、未払給与、賞与、未払
の時間外・深夜・休日勤務手当、予備的に損害賠償等を求めた事案の
控訴審。
　第二審東京高裁は、試用期間が経過した時における解約留保条項に
基づく解約権の行使が、客観的・合理的な理由が存し、社会通念上相

当と是認され得る場合に認められることに照らせば、6 カ月の試用期間の経過を待たずして会社が行った解雇には、より一層高度の合理性と相当性が求められるとしています。その上で、課長が訴訟を提起することや、会社の違法行為を内部告発することを理由に課長を不利に扱うことが許容されると解することはできないとして、原審を維持し、本件控訴および附帯控訴を棄却しています。

〈解雇の有効性〉
客観的に合理的な理由がなく、社会通念上相当として是認することができず無効

　前記の通り、①の日本基礎技術事件では、新卒者の勤務態度の悪さを理由に試用期間中に解雇した事件ですが、本採用拒否が有効とされています。裁判所は、労働者が自身の勤務態度の改善が必要であったことを十分認識しており、改善に向けた努力をする機会も与えられており、改善指導、教育を受けていたことを指摘して、解雇は有効であると判断しています。

　また、中途採用者の本採用拒否について、前記②のブレーンベース事件では、パソコンのスキルがあると申告して採用された労働者が、ファックス送信にも苦慮し、即戦力としての雇用継続は期待できないとして解雇された事件も解雇は有効としており、新卒者の場合よりも、能力や適格性の有無が厳しく審査され、解雇の有効性が認められやすい傾向にあります。

　一方で、前記③のニュース証券事件では、試用期間は、労働者の資質、性格、能力等を十分に把握し、従業員としての適性を確認するための期間となるため、試用期間の途中で解雇をする場合は、試用期間満了時の解雇の場合よりも高度な合理性・相当性が求められるとされています。

（4）試用期間の長さ

これまでに記載の通り、試用期間については法令上の定めがないため、試用期間の長さについても、法令上の制限はありません。ただし、試用期間中の解約権の行使に関しては、通常の解雇よりも広い範囲において、解雇の有効性が肯定される可能性があるため、試用期間中の労働者は、本採用後の労働者の地位と比べて不安定な状態にあることになります。

そのため、労働者の適格性を判定するために必要な合理的な範囲を超えた長期の試用期間の定めは、公序良俗に反し無効であるとされています（ブラザー工業事件：昭和59年3月23日名古屋地判・判時1121号125頁）。同事件では、見習社員としての試用期間が最短6カ月、最長で1年3カ月の後、さらに試用社員として6カ月、延長された場合は最大1年の試用期間が無効とされています。

多くの企業は6カ月以内の試用期間を設けて、適格性を判断していることが一般的です。実務上の標準的な期間としては、3カ月の試用期間を設け、長い期間を設定するとしても、6カ月の期間が妥当といえるでしょう。

（5）試用期間の延長について

試用期間の延長を適切に行うためには、判例上、根拠が必要とされ、就業規則に、試用期間の延長がありうることを定める必要があります。

なお、就業規則に試用期間の延長規定を定めるほか、労働者の同意もその根拠に当たると解され、就業規則の最低基準効（労働契約法第12条）に反しない限りは、使用者が労働者の同意を得た上で、試用期間を延長することは許されるとされています（明治機械事件：令和2年9月28日東京地判・判時2493号103頁）。ただし、労使間のトラブル回避という観点では、試用期間の延長があり得ることを就業規則にハッキリと明示すべきといえるでしょう。

また、延長が認められるためには、その延長を必要とする合理的な理由

が必要です。

　合理的な理由があるかについての判示の例としては、次のような事例が
あります。

① 「試用契約を締結した際に予見しえなかったような事情により、適格性
　等の判断が適正になしえないという場合」（上原製作所事件：昭和48年
　5月31日長野地判・判タ298号320頁）

② 「既に社員として不適格と認められるけれども、なお本人の今後の態度
　（反省）如何によっては、登用してもよいとして即時不採用とせず、試
　用の状態を続けていくとき」、「即時不適格と断定して企業から排除す
　ることはできないけれども、他方適格性に疑問があって、本採用して
　企業内に抱え込むことがためらわれる相当な事由が認められるため、
　なお選考の期間を必要とするとき」（大阪読売新聞社事件：昭和45年7
　月10日大阪高判・判時609号86頁）

③ 「試用期間満了時に一応職務不適格と判断された者について、直ちに解
　雇の措置をとるのでなく、配置転換などの方策により更に職務適格性
　を見いだすために、試用期間を引き続き一定の期間延長することも許
　される」（雅叙園観光事件：昭和60年11月20日東京地判・労判464号17頁）

　なお、試用期間を延長する場合は、試用期間満了前に対象者本人に対し、
延長する旨を告知する必要があるとされています（前記「上原製作所事件」）。

Q6　やや問題のある社員の試用期間を延長したところ、契約違反だと言われてしまったが…

　やや問題のある社員の試用期間を会社の判断で試用期間を
延長したところ、契約違反だと主張されてしまいました。本
採用する上で、もう少し適性を検討したい場合に会社の判断
で試用期間を延長することはできないのでしょうか。

A6　まず、就業規則に試用期間を延長することがある旨の規定があるか確認が必要です。試用期間の延長の定めがない場合は、本人から契約違反だと主張されている以上、原則として試用期間を延長することはできず、試用期間を既に満了している場合は、本採用をせざるを得ないでしょう。

また、試用期間を延長することがある旨が規定されている場合であっても、その延長に対しては、合理的な理由が必要となります。前記①から③を参考に合理的な理由があると判断した場合は、本人から契約違反だと主張された場合であっても、就業規則を法令の手続通り、周知されていれば試用期間の延長は可能です。ただし、このような発言は、試用期間の延長があり得ることを労働者がしっかりと認識していないことが原因の一つと考えられます。このようなトラブルを避けるため、入社日当日にしっかりと試用期間の目的、意味を理解させる必要があるでしょう。

なお、試用期間を延長する場合は、期間満了前に対象者本人に対し、試用期間を延長する旨を通知する必要があります。

後々のトラブルを防止する意味でも書面等での通知が必須になるといえるでしょう。

（6）試用期間の代わりに有期労働契約を締結した場合

　試用期間中であっても、使用者が自由に会社判断で解雇することは困難であることは前述のとおりですが、試用期間の代わりに労働者の能力や適性を判断するために、ひとまず有期労働契約を締結し、問題がなければ正規雇用として雇用するという合意がなされる場合があります。この場合、使用者が適格性の欠如を判断した場合であっても、試用期間満了による解

雇ではなく、有期労働契約の満了による退職となることから、労使トラブルのリスクを考え、実際にこのような運用を実施している会社は、一定数あります。

　ただし、判例上、有期労働契約が、正社員としての適性の評価の目的で締結された場合は、当事者間で契約が当然に終了する等の明確な合意がない限り、当該期間は、契約存続期間ではなく試用期間と解されるとしていることに留意が必要です。そして、このような試用目的の有期労働契約の雇止めについては、無期労働契約の試用期間満了後の本採用と同視され、解雇権濫用法理の下でその適否が判断されるとしています（神戸弘陵学園事件：平成2年6月5日最高二小判・民集44巻4号668頁）。

対応チェックリスト（労働契約の締結）

☑	チェック項目	参照頁
☐	労働契約を締結する際に労働条件の明示事項を漏れなく記載しているか 有期労働契約の契約更新時や定年後の再雇用時にも労働条件を明示しているか	労働条件の明示 P250～ 労働条件の明示のタイミング P261～
☐	労働者に対し、労働条件の通知を原則書面で明示しているか（本人が希望した場合に限り電子メール等の通知が可能）	労働条件の明示の方法 P252～
☐	労働条件の変更時についても、労使間のトラブルを防止するため、可能な限り書面等で変更内容を明示しているか	労働条件の変更の明示 P261～
☐	労働条件通知書や雇用契約書等のいわゆる雇入れに関する書類を労働者の退職日から起算して、5年間（当分の間は3年間）保存しているか	労働条件等の記録の保存 P263～

対応チェックリスト（パートタイマー等への雇入れ時の説明）

☑	チェック項目	参照頁
☐	雇用管理の改善等に関する措置の内容について、必ず説明を実施しているか	説明義務の内容 P267～

対応チェックリスト（入社時の提出書類）

☑	チェック項目	参照頁
☐	利用目的を特定、通知のうえ、マイナンバーの提供を受ける時に本人確認措置を実施しているか	マイナンバー P272〜
☐	適用事業所に使用される場合は、適用除外に該当する労働契約の場合を除き、必ず加入手続きを行っているか	社会保険・雇用保険 P274〜
☐	2ヶ所以上の給与の支払者から給与の支払を受けている場合、いずれか1ヶ所の給与支払者に対してのみ申告書の提出が可能な旨を確認しているか	給与所得者の扶養控除申告書 P277〜
☐	個人情報等の観点から、画一的に戸籍謄本や住民票を求めず、可能な限り住民票記載事項証明書の提出を求めているか	住民票記載事項証明書 P278〜
☐	銀行口座への給与振込時に必ず本人同意を取得しているか	銀行口座への給与振込の同意書 P278〜
☐	身元保証の契約は上限期間があること、保証責任の限度額を定める必要があることを認識し、契約更新を含め、適切に運用しているか	身元保証書 P279〜
☐	（必要に応じ）入社時誓約書を求めているか 緊急連絡先を確認しているか	入社時誓約書、緊急連絡先 P281〜

対応チェックリスト（試用期間）

☑	チェック項目	参照頁
☐	（試用期間を設ける場合）就業規則に試用期間を規定しているか	基本的な考え方 P282〜
☐	（試用期間中、試用期間満了時に解雇を検討する場合） その解約権の行使に客観的に合理的な理由があり、社会通念上相当であるか（通常時の解雇よりも試用期間中、試用期間満了時は、広い範囲における解雇が認められるものの、客観的な合理性や相当性が必要）	試用期間解雇の適法性 P283〜
☐	合理的な範囲を超えた長期の試用期間を定めていないか	試用期間の長さ P288〜
☐	延長を行うための当該根拠が定められているか （原則として、就業規則に延長規定の定めが必要）	試用期間の延長 P289〜
☐	契約期間を正社員としての適性な評価を目的として締結していたか （当該目的の場合は、契約残期間ではなく、判例上試用期間と解されている）	試用期間の代わりに有期労働契約 P290〜

【著者紹介】
社会保険労務士法人　トムズコンサルタント

　河西経営管理事務所を経て、2010年設立。

　企業における"人"について、多面的かつ的確なアドバイスができる専門家集団。

　労務相談、労務監査、人事制度等のコンサルティング、社内研修、社会保険・給与計算等のサービスを提供。

小宮　弘子（こみや　ひろこ）
特定社会保険労務士／社会保険労務士法人トムズコンサルタント　代表社員

　大手都市銀行の本部および100％子会社で、人事総務部門を経験の後、平成15年トムズ・コンサルタント株式会社に入社。平成22年社会保険労務士法人トムズコンサルタントへ転籍後、令和4年6月より現職。人事労務相談やトラブル解決、就業規則・諸規程の策定等、社内制度全般のコンサルティングを中心に行う一方、メンタルヘルス・ハラスメント相談の実績も多数あり、企業の立場でバランス感覚のある現実的な提案を得意とする。また、ビジネスセミナー・社内研修の講師も多数行っている。

木村　健太郎（きむら　けんたろう）
特定社会保険労務士／社会保険労務士法人トムズコンサルタント　社員

　平成17年トムズ・コンサルタント株式会社に入社。平成27年社会保険労務士法人トムズコンサルタントへ転籍後、令和4年6月より現職。企業規模や業種を問わず、人事労務相談、人事制度の改定・構築、労務監査、就業規則・諸規程の策定等の幅広いコンサルティング経験を有し、企業および実務者の視点でクライアントのコンサルティング業務に携わっている。また、ビジネスセミナー・社内研修の講師も多数行い、わかりやすく丁寧な説明に定評がある。

中山　祐介（なかやま　ゆうすけ）
特定社会保険労務士／社会保険労務士法人トムズコンサルタント　社員

　大手物流会社にて製造・物流現場等の管理業務に従事。社会保険労務士資格取得後、平成24年トムズ・コンサルタント株式会社入社。平成27年社会保険労務士法人トムズコンサルタントへ転籍。人事労務相談業務を中心に就業規則・諸規程の策定等、ビジネスセミナー・社内研修講師、社会保険・労働保険の手続代行業務、給与計算代行業務など人事にかかわる幅広い業務に従事。実務における現場感覚を重視し、多数クライアントのコンサルティングに携わっている。

米倉　篤俊（よねくら　あつとし）
特定社会保険労務士／社会保険労務士法人トムズコンサルタント　執行役員

　人材サービス会社にて営業、派遣元責任者、採用業務を経て、平成25年トムズ・コンサルタント株式会社入社。平成27年　社会保険労務士法人トムズコンサルタントへ転籍。人事労務相談業務を中心に就業規則・諸規程の策定、人事制度および社内研修の講師など人事労務分野に関わるサービスに従事。人材サービス業界の経験があり、労働者派遣法や職業安定法等の視点に加え、実体験を踏まえた実務により近いアドバイスを強みとしている。

サービス・インフォメーション

━━ 通話無料 ━━

①商品に関するご照会・お申込みのご依頼
　　　　　TEL 0120(203)694／FAX 0120(302)640
②ご住所・ご名義等各種変更のご連絡
　　　　　TEL 0120(203)696／FAX 0120(202)974
③請求・お支払いに関するご照会・ご要望
　　　　　TEL 0120(203)695／FAX 0120(202)973

●フリーダイヤル(TEL)の受付時間は、土・日・祝日を除く
　9:00〜17:30です。
●FAXは24時間受け付けておりますので、あわせてご利用ください。

多様な募集・採用・入社手法に対応！
Ｑ＆Ａとチェックリストで防ぐ法的トラブル

2023年9月20日　初版発行

著　者　社会保険労務士法人
　　　　トムズコンサルタント
　　　　小　宮　弘　子
　　　　木　村　健太郎
　　　　中　山　祐　介
　　　　米　倉　篤　俊
発行者　田　中　英　弥
発行所　第一法規株式会社
　　　　〒107-8560　東京都港区南青山2-11-17
　　　　ホームページ　https://www.daiichihoki.co.jp/

採用トラブル　ISBN978-4-474-09290-7　C2034　　(8)